父母选择哪种养育方式，决定孩子有哪种未来

Parenting Choices

养育的选择

13个育儿困惑解答
给你一个科学教养观

陈忻 著

中信出版集团

图书在版编目（CIP）数据

养育的选择 / 陈忻著. —北京：中信出版社，
2016.7（2024.12重印）
ISBN 978-7-5086-6192-6

I. ①养… II. ①陈… III. ①家庭教育 IV. ①G78

中国版本图书馆CIP数据核字（2016）第096893号

养育的选择

著　　者：陈　忻
策划推广：中信出版社（China CITIC Press）
出版发行：中信出版集团股份有限公司
（北京市朝阳区东三环北路27号嘉铭中心　　邮编　100020）
（CITIC Publishing Group）
承 印 者：北京盛通印刷股份有限公司印刷

开　　本：880mm×1230mm　1/32　　印　　张：9.25　　字　　数：184千字
版　　次：2016年7月第1版　　印　　次：2024年12月第42次印刷
书　　号：ISBN 978-7-5086-6192-6
定　　价：36.00元

目 录

全新的时代，应该更新你的育儿理念了

我的女儿今年5岁了，初为人父之时，我忐忑不安。虽然学过很多书本上的知识——认知科学、神经科学等，但当我面对一个活生生的小生命时，却发现以前学到的知识只是知识，在具体实践中，还是不知道该怎么办。我首先想到的是看育儿书、上网查资料，却发现目前流传的各种育儿观念中，有不少都是错误的，比如对敏感期的过度解读，误以为只有在早教机构孩子才能接受好的早教，把“快乐”奉为成长的唯一要素，等等。

为什么现在这么多错误的育儿理念广为流传呢？一个原因

是，年轻的父母可能没有经过理性思维的训练；另一个原因是，现代认知神经科学诞生于1997年，而流行的育儿理念，都是20年以前甚至100年以前诞生的，缺乏来自脑科学和发展心理学的实证证据支持。

陈忻在美国康涅狄格大学修得发展心理学博士学位，留在美国的大学任教，养育了两个男孩。每当我遇到育儿困惑的时候，时常跟她讨教经验。陈忻作为发展心理学博士和两个孩子的妈妈，讲解育儿观念时既有科学的理性，又有母亲的细腻，语言专业又平实易懂。

在这本书中，她不仅纠正各种养育迷思，同时基于自己的研究和生活实践提出一整套育儿理念，并提供简单易行的小技巧。比如，当宝宝生气发脾气时，父母需要认同他的情绪，并帮助他按照“不伤害他人，不伤害自己，不损坏财物”的原则来表达情绪：可以用语言讲出来，可以画画，也可以想象自己的头上在冒烟……

我们的孩子处在一个全新的时代，人工智能、虚拟现实、移动互联网等新技术层出不穷，神经科学、认知科学在过去20年飞速发展，大量新的知识每年都在产生，原有的许多儿童教育理论已经与时代脱节。有感于此，我与阳志平老师、陈忻博士等合作发起了面向未来的爱贝睿儿童教育项目，基于脑科学和大脑科技，帮助孩子更好地探索和创造未来。

我相信陈忻博士的教育理念会给大家带来新的启发，帮助大家在科学育儿的路上走得更从容。希望我的孩子、你的孩子、大家的孩子，一起快乐成长。

魏坤琳

爱贝睿儿童实验室主任

北京大学心理系教授

看见真实的孩子

我知道陈忻是三年前从新浪博客看到她写的文章。因为把心理学作为业余兴趣有很多年了，所以有了孩子之后，在每天跟这个小生命体相处中，感受到她永动机般蓬勃的动力，自然就很好奇孩子的世界和孩子的心智发展是什么样的，于是看了很多相关的资料，从书籍到博客文章，我都看得饶有兴致，也就是在那个时候，我看到了陈忻博士的新浪博客。

最近这几年由于大环境的关系，国内父母们的育儿焦虑一骑绝尘，所谓“科学育儿”也甚嚣尘上，坊间充斥着各种打着科学旗号的廉价知识拼凑型的育儿文章。然而实际上，科学只是一种“逼近”真理的研究方法，并不能保证它得出结论的每一步都是对的，更何况，一个人的心智好比一个庞大的建筑，变量简直无穷多。又因为一些“硬性”限制因素，例如道德因素和时间跨度问题，心理学研究常常只能停留在相关性上，而即便能得出因果关系，也只是“一定程度上”的因果关系，例如，现在的常识是，安全依恋对孩子发展的各个方面（社会性、自尊、效能感等）都有很强的正向影响，然而就连这也不是绝对的。

陈忻是发展心理学博士，她的文字有坚实可靠的基础，但在我看来，更重要的是，她并不囿于她所学的科学知识，而是仍然用自己的感受去跟孩子相处。她和孩子的相处中充满了灵活性和灵动性，这一点在她的很多博客内容中都能体现出来。例如，小朋友有好胜心，在游戏的时候常常不能保持冷静，她就想了一个“魔法皮筋”的办法，把一根皮筋戴在孩子手腕上，只要孩子感受到皮筋，就想起来要保持冷静。像这些办法，不抛开头脑中的知识，用心感受孩子的处境、情感和需要，是难以想到的。

所以，笃信科学育儿的父母可能常常或者陷入一种“书上明明说这么干有效，怎么到我家孩子就不管用呢”的困惑，或者陷入一种“书中说这个非常重要，我排除万难也要为孩子做到”的无限焦虑中。所以，看一本育儿书是不是好书，我认为要看作者是用心、用感受在写，还是仅仅用知识、符号、逻辑在推理。跟人的相处也是如此。人是活生生的，灵活的，富有情感、动机和变化的个体，如果学了很多知识，却被知识绑架，看不见真实的孩子，就会出现书读得越多越焦虑的情况。不过好在还有这样的书——既用心，又有理论性的知识作为坚实的基础。

“孩子的内心世界究竟是什么样的？”“做孩子是一种什么样的体验？”“孩子的心智、能力发展是什么样的过程？”如果你想了解这些问题，发展心理学科班出身的陈忻是很有发言权的。当我们把科学和直觉、大脑和感受结合起来，互相印证，所得到的，就是经过了双重认证的知识和经验的结合体，这样的书，可信度就相对很高，这就是我推荐这本书的原因。

刘未鹏

《暗时间》作者

第 1 章

我的孩子缺乏安全感吗？

安全感来自良好的亲子关系，跟亲子互动的模式息息相关。只要我们尊重孩子的发展规律，关心和理解他们的感受，及时、恰当地回应他们的需要，为他们提供良好、稳定的环境，通常我们就不需要时时刻刻担心孩子会缺乏安全感。

“我的孩子在外面和别的小朋友一起玩，总被人欺负，被欺负了也不吭气，是不是缺乏安全感？”

“我家宝宝和别人一起玩，动不动就打人，是不是缺乏安全感？”

“孩子不喜欢跟别的小朋友一起玩，去陌生环境会害怕，是不是缺乏安全感？”

“宝宝不爱与别人分享，把自己的东西看得死死的，是不是缺乏安全感？”

“我家宝宝上幼儿园都一个月了，每天送去还要哭，是不是缺乏安全感？”

“产假结束了，我去上班宝宝就哭闹不停，会不会伤害他的安全感？”

“管教宝宝，他就哭闹，会不会伤害他的安全感？”

……

我每天在微博上收到大量父母发来的私信，询问有关孩子成长中的各种困惑，其中很大比例的问题都与孩子的“安全感”有关。很多妈妈在这个问题上显得过于紧张和焦虑，总是担心自己哪里做得不够好，导致自己的孩子缺乏安全感。

我发现“安全感”这个词现在相当流行，甚至成了一个万能筐，父母们把遇到的很多问题都习惯性地丢进这个筐里，任何不确定的事情都被父母们看成缺乏安全感。

这样做常常导致父母们无法针对孩子身上不同的问题找到对症的办法，如果统统贴上“缺乏安全感”的标签，不但不能解决问题，还可能会耽误事儿。比方说，孩子的哭闹有很多原因，有可能是因为宝宝还没学会合适地表达情绪；也有可能是父母没有找到合适的方法和宝宝沟通，宝宝需要父母去理解他们；如果是和别人一起玩时哭闹，那孩子要表达的可能是需要父母教他们怎么和别人恰当交往……哭闹行为背后的原因是多种多样的。父母们对宝宝的各种行为，不要给予一刀切的解释，而要根据孩子的年龄段去理解，并结合宝宝自身的特点寻找原因。

那么，什么是儿童的安全感？他们的安全感是怎么形成的？安全感对孩子的发展又有哪些影响呢？父母可以做些什么帮助孩子建立安全感？

安全感来自对妈妈的信任

对小宝宝来说，什么是安全感？0~1 岁的婴儿逐步发展出四种基本情绪：快乐、生气、伤心和害怕。大千世界对宝宝来说都是新事物，有时候难免会害怕。宝宝把妈妈当作安全基地，他们知道，一旦他们觉得有危险，害怕了，就可以回到妈妈那里获得支持。这样，我们说宝宝最初的安全感就开始建立了。所以，小宝宝的安全感是逐步从信任妈妈，从妈妈给予的呵护中发展出来的。

那么，宝宝是怎么知道妈妈可以作为安全港湾的呢？根据心理学家埃里克森（Erikson）①的人格社会心理发展理论，每个人在成长的不同阶段都会经历一定的冲突，需要完成不同的心理任务。他们越是能够积极解决每个阶段的冲突，就越有可能发展健康的人格。出生后的第一年，婴儿需要解决的冲突是“基本信任对基本不信任”，也就是说，这是他们对主要照料人产生信任感还是不信任感的关键阶段。他们的重要社会心理任务是建立与主要照料人（通常是妈妈）之间的信任。

这个阶段，宝宝需要完全依赖妈妈。如果妈妈对宝宝的需要比较敏感，能够有规律地及时满足孩子的需要，他们就

---

① 埃里克森是美国心理学家，提出人格社会心理发展理论，把人一生的发展分成 8 个阶段，每个阶段都有其特有的心理冲突，解决这个特有的心理冲突就是这个阶段的心理任务，顺利解决才能发展健康的人格。0~2 岁的婴儿时期需要获得对照料人的基本信任。2~4 岁的幼儿时期需要获得自主感。如果父母感兴趣，可以从劳拉 · 伯克的《毕生发展心理学》一书中学习相关知识。

会对妈妈形成基本信任感，建立对妈妈的安全依恋（secure attachment）[①]。当宝宝有了对妈妈的安全依恋，妈妈就是他们探索世界的强大后盾，他们就会有很多积极的表现。

- 他们对新事物保有好奇心，并积极探索新事物，这是他们学习的基础，有利于将来的学习和适应新环境。
- 他们得到妈妈稳定、积极的回应，就会对他人比较友好，有信心和别人交往，对自我情绪的表达和调节的能力也发展较好。这有利于他们将来顺利地进行人际交往。

如果妈妈对宝宝的需要不敏感或者对他们的需要满足不规律——有时候满足，有时候又不满足，宝宝就会形成对妈妈的不信任感，也就是说，宝宝建立的是对妈妈的非安全依恋（insecure attachment）。这种非安全依恋对宝宝未来的性格养成很有可能会产生消极的影响。

- 他们会觉得这个世界是危险的，因为他们没有一个安全的后盾，对新事物的恐惧会盖过与生俱来的好奇心，所以他们害怕新事物，也不太敢在新环境里兴致勃勃地探索。
- 他们连最亲近的妈妈都无法信任，当然对他人就更

---

① 发展心理学家就婴儿对母亲的依恋做了大量研究，他们认为依恋可分为4种类型：安全依恋、回避型非安全依恋、抗拒型非安全依恋、紊乱型非安全依恋。下文提到的鲍比和安斯沃斯对婴儿和主要照料人的依恋关系的研究做出了重大贡献。如果父母感兴趣，可以从劳拉·伯克的《毕生发展心理学》一书中学习相关知识。

加无法信任，他们可能会害怕和别人打交道。和妈妈的互动是他们最初学习和人交往的技能的方法，如果妈妈和他们的互动不稳定，对他们的需要不敏感，就很可能伤害到他们将来和其他小朋友或者老师的交往，导致他们不知道怎么恰当地吸引别人的注意，或者对别人的行为无法预估，不知道怎么回应。这些都会影响他们将来的人际关系。

所以，信任妈妈，从而建立对妈妈的安全依恋，宝宝才会拥有安全感，并且逐步发展最初从妈妈那里获得的安全感。我们在现实生活中可以观察到，孩子到一个新地方，玩新玩具，有时候玩着玩着就要回头看一下妈妈，看到妈妈就安心了，然后继续玩。慢慢地，即使妈妈不在身边，他们依然觉得自己是安全的，比如上幼儿园，短暂的几个小时分开并不会让他们觉得害怕，觉得被抛弃，因为他们知道妈妈会回来接自己。而且在幼儿园，他们的活动范围、人际关系扩大了，学会了跟妈妈之外的人打交道，这个过程顺利的话，他们会拥有更强的安全感。随着孩子慢慢长大，这种安全感会支持他们面对更广阔的未知世界以及未知的人际关系。

有研究发现，在中产家庭，孩子对妈妈的依恋比较稳定，这在相当程度上是因为妈妈提供了比较利于儿童发展的、稳定的环境，妈妈对他们的回应也比较稳定和积极。而在贫困家庭，因为生活压力较大，妈妈对孩子的关注不稳定，有的甚至忽视了孩子，孩子就无法建立对妈妈的安全依恋。而一旦给予这些家庭帮助，让孩子感觉生活稳定，他们也会从非安全依恋转向安全依恋。所以安全依恋或者非安全依恋并不是一成不变的，而妈妈（或者主要照料人）为孩子提供的稳定的照料和环境，对于孩子安全感的养成至关重要。

说到这里，或许有很多妈妈会担心，如果由于各种原因，比如，因工作需要经常出差，或者身体原因不能母乳喂养等，是不是一定会造成宝宝的安全感缺失，是不是一定会损害宝宝和妈妈的亲密关系呢？我们需要来了解一下，宝宝是如何建立对妈妈的安全依恋的。只有了解了这个过程，才能更好地帮助妈妈建立和宝宝的安全依恋。

心理学家发现了“安全依恋”的秘密

安全依恋建立的基础是拥抱，而非乳汁

人们猜测是不是因为妈妈提供了乳汁和食物，所以宝宝才依恋妈妈，而不依恋其他人。直到 19 世纪五六十年代，心理学家才慢慢揭开了母婴依恋的秘密，由此对科学地养育孩子产生了积极而深远的影响。

究竟依恋是来自食物还是另有原因？因为伦理关系，我们

不能用人类的婴儿来做实验，于是，心理学家哈洛（Harlow）①用幼猴做了一系列实验。

实验中，幼猴出生后不久就与母猴分离，被关在单独的笼子里。笼子里有两个玩具母猴，一个是铁丝妈妈，一个是绒布妈妈。铁丝妈妈提供乳汁，绒布妈妈没有乳汁。幼猴更愿意和铁丝妈妈在一起，还是和绒布妈妈在一起？如果依恋仅仅来自食物，那么幼猴会更喜欢和提供乳汁的铁丝妈妈在一起。然而，结果却发现，幼猴除了饿的时候跑到铁丝妈妈那里，多数时间都和绒布妈妈在一起。所以，哈洛指出，母亲给予的身体接触和舒适感很可能对婴儿形成对母亲的依恋至关重要。

拥抱对于婴儿还有更重要的意义。哈洛做了另一项实验。实验者在幼猴的笼子里放了一个敲鼓的机械玩具熊，很可怕。猜猜被吓坏的幼猴会去谁那儿寻求安慰？——绒布妈妈。它飞扑向绒布妈妈，紧紧抱住，才慢慢平静下来。然后奇妙的事情发生了：它开始大胆地打量熊，甚至在好奇心的驱使下，离开绒布妈妈靠近熊，想看看究竟。显然，绒布妈妈是幼猴的安全基地，为幼猴提供了一种安全感。

在另一个实验里，幼猴被放到一个新的房间。其实这个房间很安全，有一些玩具和其他物品，但是对幼猴来说，这是一个全新的环境，所以它进入这个房间以后相当紧张。哈洛把提供给它乳汁的铁丝妈妈放在房间里。可是如他所预料的，铁丝

① 哈洛是美国著名心理学家，他对恒河猴的研究为我们对依恋的理解做出了开创性的贡献。

妈妈丝毫不能起到缓解幼猴紧张心理的作用，幼猴看都没看铁丝妈妈，它蜷缩在地上，不敢动弹。而当绒布妈妈在房间里的时候，幼猴一进房间就扑向绒布妈妈，紧紧抱着它，恐惧心理很快得到了缓解。几秒钟以后，这只幼猴就在房间里溜达、观察和探索起物品来。这个实验进一步证实了，当幼猴有绒布妈妈撑腰，它会在好奇心的驱使下，尽情探索世界。因为绒布妈妈是它的安全港湾，无论发生任何事情，它都知道，它可以飞快地跑到绒布妈妈那里。

所以，心理学家认为，拥抱以及拥抱带来的舒适感、情感上的支持是宝宝和妈妈建立依恋的基础。灵长目动物（当然包括人类）的宝宝都渴望拥抱，他们对妈妈的依恋并不仅仅来自妈妈提供吃喝，更重要的是与妈妈的肌肤相亲。

皮肤的接触对宝宝的发育非常重要。有研究表明，皮肤接触可以让宝宝的大脑分泌促进生长的化学物质。有些国家让早产的宝宝贴在妈妈或者爸爸的身上①，这对早产儿调节体温、睡眠、听觉、味觉等都有好处，而且经过这样的贴身相处，爸爸妈妈对宝宝的需要更敏感、更耐心，从而更有利于建立互相的依恋。因为拥抱有这些好处，所以目前美国有 80% 的医院让早产的宝宝获得袋鼠式照料。

心理学家鲍比（Bowlby）是研究依恋理论的创始人。他最初研究的是在“二战”中失去父母的孤儿。这些孤儿虽然能在

① 这种方式称为袋鼠式照料（kangaroo care）。

孤儿院得到食物，但是他们得不到来自照料者的爱抚和情感支持，所以没有办法和照料者建立安全依恋。通常孤儿不论生理还是心理的发育都不如正常儿童，甚至有些孤儿长大以后情感冷漠，无法和他人建立健康的亲密关系。

因为各种现实问题，有些妈妈不得不经常离开宝宝，而孩子的发展弹性很大，爸爸或者祖辈都可以作为安全依恋的对象。只要为孩子提供稳定规律的生活，对他们的照顾也是稳定、有规律的，和爸爸建立安全依恋，和奶奶建立安全依恋，都是可以的。这些孩子也不会缺乏安全感。当然，如果妈妈在回来的时候能够给宝宝足够多的拥抱，给予足够的、有质量的陪伴，比如，设定一段特别时间，和孩子一起做一件特别的事情，依然可以和孩子建立亲密的关系。

从科学的实验和探讨中，我们了解了母亲（或者主要照料人）的拥抱对孩子建立安全依恋的重要意义，但新的问题或许又会出现：很多妈妈担心“我的宝宝看到生人就哭”或者“我的宝宝怎么这么黏我？简直离不开”。那么接下来，更进一步的问题就是，孩子对妈妈的安全依恋在形成过程中的每一个阶段是否有可供参考的标准。当我们了解了依恋形成的各个阶段，就不会焦虑了，因为你会发现很多情况都是宝宝成长中的正常表现。

母婴依恋的不同阶段，宝宝有不同的表现

鲍比指出，在婴幼儿期间，依恋的发展经历了四个比较宽泛的阶段，最终达到“母亲—婴儿之间动态的平衡”。

1. 前依恋阶段（preattachment phase），0~6 个星期。宝宝从母亲那里获得食物和舒适抚慰。这个阶段，如果把他们和母亲分开并不能造成宝宝的不安和焦虑，他们基本上不怕生，对熟悉的人和不熟悉的人反应没有差别。

2. 依恋形成期（attachment-in-the-making phase），6 个星期到 6~8 个月。宝宝开始对熟悉的人和不熟悉的人有不同反应，开始有分离焦虑的苗头。这时候宝宝如果见到生人会哭，不愿意让生人抱，这些都是正常现象，不要认为自己的宝宝胆小。如果我们看见朋友六七个月大的宝宝，请尽量克制自己，不要随便捏宝宝的脸或者抱他，尽量避免给他造成压力。

3. 依恋明确期（clear-cut attachment phase），6~8 个月到 18~24 个月。当母亲离开时，宝宝表现出明显的分离焦虑。这个阶段宝宝特别黏妈妈，这是正常的。我想每个父母都经历过自己要离开时宝宝的各种哭闹。正常的孩子，在 6~18 个月，都会体验到分离焦虑。不同的是，和妈妈成功建立起安全依恋的宝宝，能够适度表达分离焦虑，比较容易安慰，有比较强的探索性和独立性。

4. 互惠的关系（reciprocal relationships），18~24 个月及之后的几年。在这期间，母亲和宝宝共同调整和平衡双方的

关系。妈妈可以解释自己去哪儿，多久回来。宝宝可以提一些要求，比如给我讲一个故事再走，或者亲三下再走。在这个阶段中，宝宝理解父母去干什么、多久能回来，并且相信父母一定会守诺言回来，同时他们也会发现自己在双方的关系里也有一定的重要性，这让他们能够承受父母短暂的离开。慢慢地，稳固的依恋关系会帮助孩子在和父母分离的时候仍能保持安全感。

所以，安全感并不会因为一次分离就缺失，也不会因为某一段时间的相处就必定稳固不移，这是一个渐进的过程，而且在宝宝成长的每一个阶段都有不同的状态和规律。它是在宝宝从小和父母的互动当中一点一滴形成的，然后由此逐步扩展到宝宝怎么和其他人互动，怎么看待未知的世界。

了解了安全依恋形成的原因及各个阶段的特点之后，父母要怎么做才能让孩子形成对自己的安全依恋，快乐健康地成长呢？

不同成长阶段，培养“安全依恋”的可靠建议

要让宝宝有安全感，就必须从培养安全依恋做起。根据每一个成长阶段不同的需求，在此给父母一些切实可行的建议。

不要担心“宠坏”一个小婴儿

孩子刚出生，父母的纠结就产生了：宝宝哭了，抱还是不抱？抱了会不会宠坏他？我希望父母能了解孩子成长的过程，从亲子关系以及依恋关系的建立角度来思考这个问题。我们对待他们的方式将影响依恋关系的建立。

许多研究婴儿的专家都指出，不要担心宠坏一个小婴儿。6 个月之前，宝宝啼哭通常都是生理或者生活需要，是真实的信号。饿了、尿不湿需要换了、肚子里胀气，或者周围任何一点新的变化等都会让他们哭。这个阶段，宝宝哭了，肯定是有真实的需要，是他们释放压力的一个方式。这个阶段的小宝宝还没有能力通过假装哭来控制父母，因为他们的认知和思维没有发展到能够理解“行为和后果”这样的逻辑关系的阶段。所以，我们需要对宝宝的啼哭做出及时反应，查看究竟是什么原因让宝宝不舒服。

有一项婴儿研究发现，4 个月大的宝宝，在饿了的时候放声大哭，一旦妈妈靠近，还没开始喂奶，他们往往已经止住哭声。这说明，在每天有规律的生活中，他们意识到了妈妈的照顾行为，所以当妈妈靠近时，知道妈妈来照顾他们了，就慢慢停止啼哭。

我们及时、恰当地满足他们的需要其实不能算“宠”。恰恰相反，婴儿就是这样通过妈妈迅速、稳定、重复的行为来认识自己和妈妈的关系，建立对妈妈的安全依恋，进而建立对外部世界的信任感和安全感。

心理学家玛丽·安斯沃斯（Mary Ainsworth）的经典研究发现，在 0~3 个月，如果父母对婴儿的啼哭反应比较及时而恰当（即排除引起宝宝不舒服的因素），会有以下好处：

- 等这些宝宝长到 8~12 个月的时候，和那些父母反应不及时的宝宝相比，他们哭得反而少多了。
- 这些宝宝（8~12 个月）的人际沟通方式发展得相对要好，虽然他们还不会讲话，可是会利用脸部表情、身体语言、手势、牙牙儿语来和别人沟通，而不需要总是用哭声。

此外，关于及时反应的方式，不一定是宝宝一哭，就马上把他抱起来，还可以用各种其他方式做出反应。比如，走过去，看看他是饿了还是需要换尿布，也可以跟他讲话、唱歌、抚摸他的皮肤等等。这些行为消除了宝宝不舒服的因素，并且让他感到关爱，逐渐建立起对父母的信任，这就是最初的母婴依恋。记住，置之不理是非常糟糕的做法。

不过，新妈妈也不要过于焦虑。虽然及时而恰当的反应体现了妈妈和宝宝的互动，但它并不是一定要在宝宝啼哭后几秒钟做出反应，而是说这种模式在一定的时期内应该是稳定的、有规律的。只要长期的照料方式是稳定的、有规律的，偶尔几次妈妈没有及时赶到宝宝身边也不会造成不利的影响。

所以说，在宝宝人生开始的最初 6 个月，父母对宝宝哭声反应及时，能揣摩出他们需要什么并给予比较恰当的满足，这样他们就知道不必大声啼哭来吸引父母。这将有利于促进他们其他交流方式的发展，也是培养他们将来人际交流技能的基础。

解决“黏人”的方法是主动陪伴

从6个月起，宝宝开始对周围事物产生浓厚的好奇心，手眼协调能力和语言理解能力也增强了。这一阶段他们已经逐渐理解手段与目的的关系。所以人生的第二个半年，宝宝逐渐具备利用哭声来召唤我们的能力。

这个时候，我们需要在他召唤之前，就主动和他一起玩。如果我们能为宝宝安排各种有趣的游戏，与他交流，并满足他的好奇心，让他醒着的时候经常有事情可做，他就不会觉得很无聊，这样就会保持良好的情绪，不会一天到晚让妈妈抱或者通过哭来引起妈妈的注意。而且，在陪他一起玩的过程中，他也会慢慢学会怎么自己玩，1岁多之后就不会时刻需要人陪了。

有些妈妈抱怨宝宝黏人，一刻都不能离开，一离开就哇哇大哭。前文中的依恋建立阶段已经指明，其实6个月到两岁期间，是大部分宝宝体验分离焦虑的高峰期，所以这是正常现象，要理解他们，尽量有耐心。

有些妈妈特别害怕宝宝不独立，所以她们说：我希望我的宝宝能比较独立，所以我就尽量让他自己去玩。其实越这样做，越会让孩子更黏人。因为在他需要我们的时候，我们却把他推开，这个信息会让他误解为妈妈不爱他，从而更加时刻黏上来。他需要妈妈的关注，确保妈妈是爱他的。这样反而会伤害他们安全依恋的建立，让他们缺乏安全感。

我家小宝是早产儿，他从医院的新生儿加护病房回家以后，我没有一天离开过他。爸爸上班，大宝上幼儿园，家里就我们两个人，我上个厕所都要开着门。我常常不等他找我玩，就主动去陪他玩，尽量满足他情感的需要，让他知道妈妈是关注他的。可是我毕竟分身乏术，在没有帮手的情况下，有时候要做家务，不能时刻陪着他。我们家的厨房是开放的，我做饭洗菜的时候，就让他在餐厅玩，能看到我，能和我讲话。有时候我会把定时器定好，告诉他：过一分钟，妈妈就来。过了一分钟，我就准时过去，这样孩子就能自己玩一分钟了。过段时间，我把定时器定成两分钟。注意，一定要定时器一响就过去陪他，这样孩子就知道，妈妈是说话算话的，在他单独玩的时候可以安心玩。慢慢地，他就能自己玩得久一些。

有一个妈妈给我讲了个故事，她说她家宝宝应该正在体验分离焦虑，但是她觉得之前的依恋关系建立得好像不太好。有一天她做晚饭，宝宝舅舅陪他玩，他还是一直走到厨房让妈妈抱抱。妈妈拒绝了，然后把厨房门关上，他大哭不止，妈妈以为他是饿了，匆匆做好饭。等着饭凉一下的空隙，抱他读了一会儿绘本，他才平静下来。我们说妈妈和宝宝的互动是会形成某种模式的，如果妈妈和宝宝经常是这样的模式，那么宝宝可能会越来越黏妈妈。妈妈可以尝试改变一下。

我给这个妈妈的建议是：其实当时应该抱一下宝宝，开着厨房门，跟他说玩多久（比如汽车跑三圈这样具体的孩子能理解的），妈妈就再去抱他一下。渐渐地宝宝就会适应。这个妈妈断然把门关上反而让孩子更焦虑，他大哭不止显然也不是饿的。希望妈妈们能更关心宝宝的感受。

只有宝宝认为我们是可信任的，在他们需要的时候我们会随时出现，在我们离开的时候，他们才会安心，也更愿意探索世界，接受挑战。我家小宝曾经非常黏人，但我从来没有担心过他会缺乏安全感。他 6 岁的时候一次我出差回家，他热情地拥抱我。我说，你想妈妈吗？他说，有一点点想，不过没有想到哭，因为我知道你一定会回来。所以希望父母面对黏人宝宝的时候不要紧张，逐步建立稳固的依恋关系会让他们变得独立。

用积极的情绪影响宝宝的情绪表达

要让宝宝建立安全依恋，妈妈需要学会用稳定积极的情绪来面对宝宝的变化和成长。特别是 6 个月之后，宝宝的情绪发展非常快，不仅仅限于基本情绪，情绪的种类变多了，而且情绪的强度也增加了。

首先是来自妈妈的情绪影响。宝宝之前总是感觉到妈妈的积极情绪，“宝宝好可爱！宝宝好乖！”这一阶段，妈妈的表情和语言积极的成分占大部分。从宝宝会爬开始，情况就改变了。比如，妈妈有时候会生气地说，“不要爬上去！不要拉窗帘！”

宝宝经常会感觉到妈妈的消极情绪，对情绪的认识逐渐变得复杂。他们自己也开始体验到更多的情绪，比如，“妈妈不允许我干这个！”或者，“我想把瓶盖打开，可是怎么也打不开！”从中体验到生气或者挫折感。

同时，宝宝情绪的强度开始发生变化。到8个月的时候，宝宝开始能够理解手段与目的的关系，这是认知发展的一个重大变化。我们可以去观察一下，4个月的宝宝看到有个好玩的玩具，不过他够不到，而这个玩具上系着一根绳子，这根绳子就在他面前，但他此时还不能认识到“我只要抓住绳子就能拿到玩具”。而8个月的宝宝就能轻松地拿起绳子，把玩具拉过来，高兴地玩起来。这一阶段，通过自己的努力实现目标，这种喜悦感比妈妈直接给他玩具的喜悦感要强烈许多。同样，当他想做一件什么事而遇到困难时，比如，“我要拿到这个玩具，可是要拿到这个玩具必须爬过这个障碍”，那么如果他成功了，就会体验到加倍的成就感；如果没有成功，则体验到加倍的失败感。

情绪发展就是这样的过程，这是正常的，我们希望宝宝能产生正常的积极情绪和消极情绪。但是，他们怎么对待自己的情绪需要经过很长的发展阶段。所以宝宝越小，妈妈越要有耐心，多表达积极的情绪、支持和爱，让孩子常常保持愉悦的心情，减少不必要的哭闹，这有利于以后宝宝认识情绪、表达情绪和调节情绪。

提供安全稳定的环境让孩子尽情探索

宝宝在6个月之后，活动能力越来越强，而且他们在好奇心的驱使下到处摸索。这就需要我们重新布置家里的房间，尽量减少不安全的因素，为宝宝的成长提供稳定安全的环境。

对宝宝有危险的东西，该收的都收起来，比如厕所的清洁液、厨房锋利的剪刀。我们不希望宝宝拉窗帘，因为怕窗帘杆万一掉下来砸在宝宝头上，但是又不能把窗帘拆了，怎么办？可以把窗帘高高挑向两边，让宝宝够不到，这样就不用经常禁止他去拉窗帘。如果宝宝对柜子门感兴趣，经常去开关，要把放药品的柜子门用门扣扣住，开放其他安全的柜子，这样就不用经常去禁止他玩柜子门。

如果这也禁止那也禁止，就容易让宝宝感受到妈妈的消极情绪，而他们自己也会产生消极情绪，从而压抑他们的好奇心和探索欲。所以，要尽可能地鼓励孩子去积极地探索，减少他们因为妈妈不让做什么事而“抗议”地哭闹，但前提是保证他们的安全。

对一些必须要禁止宝宝接触的事物，要根据宝宝的理解能力，采用简洁的指令或者转移注意力的办法。尽量让妈妈和孩子的情绪都比较稳定，营造良好的家庭气氛。

妈妈要了解自己的宝宝最喜欢什么玩具，最喜欢干什么事情。我记得大宝12个月左右时，常常钻到桌子下面，因为那里有台式机和一堆电缆。我知道他最喜欢我读书给他听，所以他一钻进去，我就拿过一本他喜欢的书，大声读起来。他听见后，每次都会噌噌地爬出来看个究竟。转移注意力的办法比起强行制止，可以减少很多因为斥责引起的哭闹。再比如，因为不安全，很多妈妈不愿意让宝宝进厨房。我们家的处理方式是事先说明。比如，吃饭的时候，我让宝宝观察饭菜冒出来的热气，然后把他的手放上面感受一下。做饭的时候，我会抱着宝宝观察锅里冒出来的热气，他就能理解那一定很烫。所以跟他说妈妈做饭的时候不要进来，他能理解并合作。

当我们了解了安全感是如何形成的，并且陪伴宝宝一起经历了他人生头几年的成长，就不会把所有的问题都丢到"安全感"这个筐里了。而安全感的建立和亲子互动的模式息息相关。只要我们尊重孩子的发展规律，关心和尊重他们的感受，及时恰当地回应他们的需要，为他们提供相对来说稳定、良好的环境，就不需要时刻担心他们会缺乏安全感。

有些妈妈可能会焦虑地说，我觉得我的宝宝刚开始好像没有建立安全依恋，怎么办？这也不必担心，从此刻开始给予孩子爱和理解，改变自己的行为方式，让自己成为孩子的安全港湾吧。

『实战』TIPS

得到理解的宝宝才能逐步建立安全感

宝宝和妈妈建立的安全依恋，归根到底是亲子关系。在亲子关系中，孩子毕竟在认知上、表达上、情绪控制上不如我们大人。有时候妈妈会说："我家宝宝喜欢哭闹，怎么办？"宝宝哭闹很多时候是因为他们不能很好地表达自己的意思，而妈妈又误解了他们。所以妈妈要仔细观察，关心宝宝的感受。得到理解的宝宝才会感到自己是被爱的，才能逐步发展出安全依恋。

以下是结合实例为妈妈们准备的实用好方法——如何帮助宝宝克服恐惧，以顺利度过幼儿园的适应期。看完之后就可以马上行动起来哦！

Tip1：与孩子分享自己的经历比说教更有效

有的妈妈说，宝宝怕黑，不愿意自己睡，是不是缺乏安全感？其实不一定是宝宝缺乏安全感。即使有安全感的宝宝有时候也会怕黑。我们发现，有的孩子比较敏感，有的孩子想象力比较丰富，这些孩子会比同龄人更有"怕黑啊"或者"怕怪物啊"的问题。妈妈先不要焦虑地觉得"我的孩子是不是缺乏安全感"，也不要急着培养他们的独立性；相反，自己先冷静下来，关心他们的感受，经常让他们讲一讲，多拥抱，而不是急着解释这个世界根本没有怪物。得到妈妈充分理解的孩子更容易度过这些成长阶段，也更容易建立安全感。没有人能够提供一刀切的解决方案，这需要妈妈的观察，针对每个孩子具体解决。

比如我家两个孩子，在五六岁的时候，他们会说，我害怕睡觉，因为晚上会做噩梦。我就说，是啊，妈妈记得像你们这么大的时候也经常做噩梦。首先要让他们理解做噩梦是常有的事，而不是只发生在他们身上特别的事。我们就开始讲自己的各种噩梦，然后假装擦汗松口气：幸好只是梦呀，哈哈。

而两个孩子可能有不同的需求，所以也要区别对待。对大宝，我给他讲故事，陪他入睡，再给一个毛绒玩具就好了。对小宝也是如此，可是他不喜欢毛绒玩具，晚上醒了就跑到我们房间来。我从来没有拒绝过他，所以主卧的门我们从来不锁，方便他偷偷爬到大床上睡。在爸爸妈妈的身边，他就睡得很安心。过了几个月，有一天我突然发现，他已经很久没有来主卧睡了。所以这些都不是问题，只是要经历的一个阶段。我们要有耐心，尽量满足孩子的情感需要，才能建立他们的安全感。

Tip2：了解未知事物越多，安全感越多

有的妈妈说自己的孩子看了一些灾难片或者科普书，开始担心地震啊，海啸啊，总觉得世界上危险的地方太多了，觉得不安全。那么这样是不是缺乏安全感呢？我有个朋友的儿子看了太空的科普书，甚至担心哪天太阳系会灭亡，觉得地球太不安全了！

我们前面讲过，安全感最初来自母婴依恋，和妈妈有着安全依恋的孩子往往有安全感。但是，这并不表明他们什么都不怕。事实上，我们成年人，面对未知事物也会恐

惧。在成长过程中，孩子面对的新事物会越来越多，面对的未知事物也会越来越多，他们开始学会思考，这不是坏事，也并不意味着他们没有安全感。他们之所以担心、害怕，是因为对这些事物的了解不够多。所以，当孩子有这些担忧的时候，我们要理解他们的感受，不要不以为意地说：不用怕，我们这里根本不会发生地震；或者觉得很可笑：太阳系灭亡？你想得太远了！如果他们有这样的疑问，不要阻止他们去了解，恰恰相反，要和他们一起看书、查资料，一起学习、讨论。他们了解得越多，安全感也会越强。

Tip3：幼儿园的分离焦虑并不是缺乏安全感

宝宝上幼儿园总是哭，妈妈也很焦急，觉得是宝宝缺乏安全感，怀疑他们在幼儿园过得不好。而这种焦急和担心在无意中会传递给宝宝，让他们更不安心，更难适应。我们需要做的是理解他们的感受，和他们一起度过适应期。

我在大宝上幼儿园的时候告诉他，想妈妈很正常，他想妈妈的时候，妈妈也在想他。我还和两个孩子约定一种方式，以便他们在妈妈不在或者处在陌生的环境中时心里有一种持续的安全感。小宝上幼儿园的时候，我会亲一下他的手，然后按在他胸口，告诉他，想妈妈了，就按一下胸口，妈妈也一定在想他。美国大部分幼儿园都允许宝宝在刚开始上学的时候带一个喜欢的玩具。大宝有一个最喜欢的毛绒玩具，刚上幼儿园的时候他总是带着。这个毛绒玩具可以安慰他。小宝喜欢车，刚上幼儿园的时候，他们班的小朋友知道他喜欢车，就在他难过的时候把所有的车都放到他身边。

上幼儿园需要适应，并不是宝宝缺乏安全感，而且个体差异也很大，有的适应得快一些，有的慢一些，都需要一个过程。关心他们的感受，耐心陪他们度过适应期，这个过程就是在帮助他们建立持续的安全感。

第 2 章

早教有必要吗？什么是好的早教？

早教非常有必要，但早教不是越多越早就越好。生活即早教，父母和家庭才是早教的主力军。对孩子充满爱的照料，让孩子身体、智力和社会化情感等方面均衡发展，从长远来看，这才是好的早教。只有意识到这点，我们才不会迷失。

很多孩子一两岁的宝爸宝妈会问我：需要送宝宝去早教机构吗？什么样的早教机构比较好？总之，一提起“早教”这个词，大部分父母会马上联想到“早教机构”，仿佛“早教”只能在“早教机构”中才能进行。而事实上，早教实际包含的内容远远不止于此，可以说，生活即教育。宝宝从出生后所接收到的所有信息，都可以视为早教的一部分——父母的言传身教、家庭环境、邻里关系等都会影响宝宝的发展。所以当我们说起早教的时候不应该局限于早教机构。

还有很多父母因为宝宝在早教机构中的表现不理想，而质疑宝宝的能力或者发育不正常。有好几位妈妈曾私信给我，都流露出焦虑。比如有一位妈妈说，我家宝宝去上早教课，跟着老师没做几分钟就想走开。老师批评他注意力不集中，不遵守规则。她很着急地问我，怎么才能让宝宝集中注意力更久？

其实一两岁宝宝不能长时间集中注意力，或者不能长时间跟着集体做活动，是很正常的现象。在这一阶段中，他们最喜欢用自己的感官去探索感兴趣的事物。如果父母不理解这一点，老师的一些负面评语就会让他们非常焦虑。有的家长还对孩子感到失望，甚至流露出非常明显的消极情绪。殊不知父母的消极情绪反而会影响宝宝的学习，久而久之会形成恶性循环，令孩子丧失兴趣、学习倦怠甚至产生逆反心理。

正因为早教机构的不尽如人意以及对早教的误解，很多父母走向了另一个极端，即崇尚所谓的“放养”——撒手不管。直到孩子上了小学，出现各种问题才急了。有妈妈在网上向我求助：自己一贯践行快乐教育，学前对孩子没有任何辅导，结果孩子上了小学跟不上，天天被老师差评，自己每晚都忍不住对孩子咆哮。这种情况又是走向了父母毫不作为的极端。

早教不等于“早点教”，但父母也不能完全放手不管，让孩子“野蛮生长”。在这个过程中父母们必须首先搞清楚，什么是早教，为什么要进行早教，早教应遵循的儿童成长规律是什么，然后再来解决什么样的早教是好的早教这个问题。

大脑的可塑性决定了早教的必要性

脑科学发现婴幼儿的大脑极具可塑性

早教是什么？早教其实就是给婴幼儿提供各种条件，促进其健康发展，包括生理上、认知上以及社会化和情感上的全面发展。

为什么早教那么重要？因为婴幼儿期间大脑发育飞速，并且极具可塑性。大脑是我们发展的总指挥官，我们的生理发育要靠大脑分泌的各种激素调整，智力发展要靠大脑有效快速地处理信息，就算人际互动也要靠大脑来判断别人的意图、情绪，处理和表达自己的情感，等等。

脑科学研究发现，在人生的头三年，婴幼儿大脑的发育突飞猛进。大脑的基本单位是神经细胞，神经细胞之间的间隙，叫突触，信息通过突触从一个神经细胞传到另一个神经细胞。婴儿刚出生时就像个小接收器，通过看、听、闻、尝、触摸等接收外界的信息，当他们两三岁时，大脑突触的数量是成人的两倍。越来越多的突触是宝宝各种能力发展的基础。

如果我们把神经细胞和它们之间的突触想象成一个交通网，那么突触越多，代表神经细胞和神经细胞之间的“路”越多。

神经细胞就像在这些路上跑的车，它们的任务是把信息准确地送到目的地。比如，视网膜上的神经细胞要把信息送到大脑的视觉区去处理，而不能送到大脑处理语言的语言区。当然，“交通网”上的“路”，并不是越多越好。路太多，就不能让信息准确快速地到达目的地。

婴幼儿的突触在3~4岁达到数量的顶峰，接下来就要根据生活中的各种体验慢慢修剪，让信息传送更准确、更有效、更快速。宝宝通过眼睛看到的、耳朵听到的、鼻子闻到的、小手摸到的（包括被触摸）信息纷沓而至。这些信息不断地丰富、调整整个“交通网”的每一条“路”，使其快速有效地处理各种信息。

大脑这个交通网一边在增加有效高速的路，一边在修剪没有用的路，使它的工作更为有效，一些不常用的或者效率不高的小路就慢慢被修剪掉了。所以，幼儿时期最高峰时的突触数目减少大约40%才会和成人相当，具有很强的可塑性。

那么，由此可见，婴幼儿在其生命早期所面临的环境，对其大脑的发育与一生的成长都影响重大。从“启智计划”（Head Start Program）的实践中，我们或许能够对婴幼儿大脑的可塑性以及早教的重要性有更直观的认知。

来自美国“启智计划”的启示

由上文可知，早期大脑飞速发展，一边修建新的有效的“路”，一边减少效率不高的“路”。但这些调整都是依据外部环境的改变或者人的生理、行为的改变，由此，如何给婴幼儿早期发展提供一个良好的成长环境就显得极为重要了。

美国有研究机构经过大量的调查发现，低收入家庭的幼儿出于多方面的原因，其成长过程受到诸多阻碍。生活在贫困中的婴幼儿缺衣少食、家庭关系不稳定、和父母互动少，这些问题导致他们不仅仅身体素质不够好，入学以后在学业方面也远远落后，并缺乏人际沟通以及情感调整等能力。

比如——

（1）生活资源比较匮乏，有的家庭经常挨饿，有的家庭一本书都没有。

（2）家庭关系不够稳定，孩子没有人管，承受很大的来自家庭冲突的压力。

（3）和父母相处时间少。有一项调查发现，低收入家庭的孩子正式入学前，父母只给他们读过平均 25 个小时的书，而中产家庭达到 1 000 个小时。这造成低收入家庭儿童入学后学业持续落后。

（4）父母生活压力大，有些家庭的父母对孩子很粗暴甚至存在家庭暴力。

诸多类似的原因造成低收入家庭的婴幼儿各方面发展的落后。所以，从 1965 年开始，美国有了启智计划：对低收入家庭 0~5 岁的幼儿提供教育、健康、营养、社会服务等各种帮助——增进孩子家庭关系的稳定性，增强他们的身体素质，改善他们的生活环境，提高他们的认知、社会化和情感发展，为将来上学做好全面的准备。启智计划从 1965 年制订至今，已经帮助了 3 000 万美国儿童。

美国对这些受到早期帮助的儿童做了 20 年的长期追踪，发现这些孩子并不仅仅在上学的时候受益，通过这些早期的帮助，好处往往到成年以后还能显现。

一项来自美国高宽教育研究基金会的佩里学前研究项目（Perry Preschool Project）的报告显示，得到这个项目帮助的儿童被追踪到 27 岁的时候，比起没有得到帮助的同伴，高中毕业率要高，收入多，结婚率也高，并且入狱的可能小。

所以即使是贫困儿童或者发育迟缓的儿童，在得到帮助以后，他们的成长过程也依然会产生意想不到的变化。这与早期大脑的可塑性息息相关。也正因为如此，美国制订了启智计划，帮助了那么多儿童，改变了他们的一生。由此可见，早教，就是提供各种条件，帮助婴幼儿在大脑发育的早期就获得积极有益的发展，为他们的一生打下良好的基础。

那么，早教应该以什么方式进行，才能让宝宝的大脑获得丰富的信息，建立高效的“交通网”呢？

什么样的早教是好的早教？

各种感官均衡发展是儿童探索世界的基石

婴幼儿对世界的了解来自他们的各种感官和他们的动作。他们用耳朵听、用眼睛看、用嘴巴尝或者咬、用手摸等，都是他们探索世界的方式。他们的触觉、运动知觉等是探索世界的基石。

很多新手父母对视觉和听觉的发展很重视，让宝宝听音乐，给他们看各种图片，但是对宝宝的触觉、运动知觉常常忽略。

特别是祖辈，把宝宝当成心肝宝贝，很多时候不让动、不让碰，去哪儿都抱着，这些做法无意中剥夺了宝宝的一些发展机会。

小宝宝在6个月以内，嘴、舌头和手是他们探索世界的主要工具。当他们能够抓握物品的时候，往往喜欢把物品放到嘴里啃。五六个月的时候，会用两只手把一个玩具来回倒腾。当他们会爬了以后，接触的世界更广了，开始想要玩各种东西。

比如，他们可能通过触摸不同材质的物品，发现感受各不相同；也可能通过推方形的积木和圆柱形的积木，发现它们运动方式的不同；也许他们还会从中发现圆柱形的积木和汽车轮子的运动方式是一样的。

再比如，宝宝有一段时间喜欢丢东西，坐在椅子上，喜欢把玩具或者勺子丢地上。妈妈捡起来，他们又丢。有时候妈妈就很恼火。其实这也是他们探索世界的方式。他们开始发现自己的动作和物体运动的关系，以及自己对一些物体的掌控力。

宝宝的运动知觉对他们的发展也很重要。当宝宝在各种环境里活动，他们会基于种种体验调整自己的身体来适应。在这个过程里，他们在发现、学习、总结和应用策略。

发展心理学家卡伦·阿道夫（Karen Adolph）做过很有趣的实验。实验对象是学步儿。学步儿在不同的路面环境，为了实现自己的目标很可能会调整策略。实验者设计了能调整坡度的通道，通道的另一边是妈妈和宝宝最爱的玩具。

当通道有一点点坡度的时候，他们根据自己的生活经验和行走经验，知道自己这么走下去没有危险，于是，他们就直接走下去，拿到喜欢的玩具。当坡度增加的时候，他们感到，这样走下去是不安全的，可能会摔倒，可是那头有妈妈和最爱的玩具，怎么办？很多宝宝会调整自己的策略，他们坐在地上，顺着通道滑下去。当坡度变得更大的时候，有的孩子会想办法，比如趴在地上，顺着通道慢慢滑下去。父母可能觉得这些都是不起眼的事情，但是婴幼儿就是通过这些活动和体验，发展运动知觉、观察力、思考力、适应力以及解决问题的能力的。

在运动中整合信息、调整策略，既有利于宝宝运动技能的发展，也有利于他们的智力发展和社会化发展。任何生活中的经验和变化对他们来说都是学习的过程，所以在生活中给予他们多样化的环境，让他们的各种感官得到均衡的发展，有利于他们的成长，亦是早教的重要目标。

早教不是越早越多越好

早教需要符合宝宝的发展特点，也就是说，输入宝宝大脑的信息，方式和强度都要适当。比如，在出生后的头一两个月，宝宝喜欢看对比明显的图片，最好是黑白图片；到6个月的时候，宝宝对颜色的知觉才和成人差不多。所以，我们提供的视觉材料，要符合宝宝视觉发育的阶段特点，不应一味给他们看色彩丰富的图片。另外，我曾经看到，有妈妈对着一两个月大的宝宝使用闪卡，每隔几秒钟就换一张图片让宝宝看。这样的信息输入太多太快，而宝宝并没有做好准备去接受这样的刺激，反而有害无益。

在0~3岁期间，和父母或祖辈的互动是宝宝各种信息输入的主要来源。这些互动需要有适度的频率，让宝宝有反应的时间和空间。现在，我们常常提到“高质量的陪伴”一词，所谓“高质量的陪伴”并不等于成人一刻不停地哄孩子、陪孩子玩或者逗孩子。有些成人特别宠爱孩子，不顾孩子的节奏，不停地对着宝宝讲话、大笑，或者隔一会儿就为宝宝换一个玩具。他们和孩子的相处，其实不能称为互动，因为成人是主导，是发动者，宝宝只是接受者。同时，宝宝本身能够集中注意力的时间很短，如果成人一直不停地说话、逗笑，他们能够静下心自己观察、自己动手、自己体验的机会就少了，他们会迷失在这么多的信息里。很小的婴儿无法承受频率和强度过分的互动，在面对这样的情景时，有的宝宝甚至会转开自己的头或者闭上眼睛来保护自己。

有些父母总想让宝宝学习一些技能，比如看图识字、数数。我曾经收到家长私信，问我该不该让宝宝去上个画画班。我一问，孩子才两周岁。其实对于两周岁的宝宝，应该先发展他们的精细动作，让他们操作各种物品，而不是画画。对于幼儿来说，通过大量的练习，即使可以加速一些技能的发展，也不太可能加速情感发展，这是由大脑负责情感区域的边缘系统（limbic system）的发育速度决定的。

澳大利亚阳光海岸大学（University of the Sunshine Coast）的迈克尔·纳格尔（Michael Nagel）博士指出，因为孩子的情感调节能力、压力调节能力都有限，如果父母让他们太早接受太多学习任务且目的性太强的话，很可能会破坏他们的自我认知和自我评价。自我认知和自我评价对学习兴趣、学习动力以及将来的长期发展都很关键。所以父母不要捡了芝麻，丢了西瓜。

孩子的学习窗（learning window）是比较长的，充满了多种可能性的发展期间，目前并没有证据显示，越早开始学习某些任务会越好，或者幼儿必须长期处于过多信息、过多练习（hyper-stimulated）的环境里。相反，父母应该关心婴幼儿的身心健康，给予他们爱和稳定的环境，关心他们的情感和社会性发展，而不是仅仅关心他们的技能进步。

优秀而快乐的儿童大部分时间在做自己喜欢的事

通过实验，科学家们发现，自然的环境好过刻意营造的环境。过多的输入会造成神经的拥堵效应，反而不能让大脑有效工作。

唐纳德·赫布（Donald Hebb）教授带了几只小白鼠回家，给孩子当宠物养，小白鼠可以自由地在整个房子里活动。有一次，他把小白鼠带回实验室，发现在走迷宫的任务中，家里养的小白鼠比在实验室里养的兄弟姐妹们犯的错误少，完成得更快。他认为，家里的环境比实验室的环境更丰富，更好地促进了小白鼠大脑的发育。

接着，行为神经学家威廉·格里诺（William Greenough）为了研究不同环境对小白鼠的影响，把小白鼠分别放在三个环境里生活。一组隔离在小笼子里，单一环境并没有任何“鼠际交往”。第二组在一个相当大的笼子里，和其他几只小白鼠生活在一起。第三组生活在信息输入特别多的环境里，就跟迪士尼乐园一样，有各种滑梯、轮子等，这一组也是几只小白鼠生活在一起。结果当然是生活在“迪士尼”的小白鼠完成迷宫任务最快、最有效。

然后，他们把生活在自然环境里的小白鼠和实验室里的三组小白鼠对比，发现生活在自然环境里的小白鼠大脑发育比以上三组都好。他们推测，这是因为，在自然环境里，小白鼠经历自然环境的各种体验，碰到各种其他小动物、小昆虫，鼠际交往更复杂。

所以说，自然环境比实验室笼子里创造的迪士尼环境更有利于小白鼠的大脑发育。于是很多科学家认为，对人类婴儿来说，自然的环境也可能比刻意创造的丰富环境更有利于大脑的健康发育。对人类婴幼儿早期训练要更加谨慎，也许过多的信息输入反而会造成伤害。

哈佛大学教授伯顿 · 怀特（Burton White）在哈佛幼儿园主持了一个长达 13 年的项目。他发现，很多优秀并且快乐的儿童，大部分时间都在做他们自己自愿做的事情，看上去非常悠闲，甚至无所事事。这些悠闲的时间很可能不知不觉中促进了孩子的发展。

吉尔 · 施塔姆（Jill Stamm）是研究大脑发育的心理学

家。她指出，现代社会的快节奏和一些所谓寓教于乐的玩具，让父母觉得需要利用每一分钟来“培养、教育”孩子。如果他们看到孩子无所事事，或者在“瞎玩”，就认为孩子在浪费时间。

事实上，大脑需要休息，需要时间来消化信息、建立通道。大脑是一个特别耗能的器官，它对某个任务花的精力多，对另一个任务花的精力自然就少了。在一定的时间里，大脑只能处理一定的信息量。所以适当让孩子休息一下，发发呆或干一些父母觉得毫无意义的事情，更有利于他们整合和理解各种信息。我们常说要培养孩子的创造力，创造力并不是来自大脑接收的大量信息，而要看大脑怎么利用已经接收的信息。

从上面的实验和研究中，或许可以找到这个问题的答案——早教应该以什么方式进行，才能让宝宝的大脑获得丰富的信息，并能够高效地整合呢？

早教机构难以实现早教的重点——均衡发展

在这个浮躁的时代，我们很容易迷失，特别是养育孩子方面。其实，只要我们牢记早教的目标是均衡发展，就会淡定下来了。

上文中提及的哈佛大学教授伯顿·怀特在哈佛幼儿园的研究项目，是为了弄清楚早期培训能否让儿童变得更聪明，拥有更成功的未来。他选择了幼儿园里发展特别优异的儿童作为研究对象。因为他关心的是儿童的平衡发展，所以排除了那些在智力或者艺术上表现特别出色，但在人际交往方面有明显困难或者其他方面发展特别弱的孩子。

他发现，让孩子看起来聪明似乎比较容易做到，经过有些机构的强化培训，幼儿确实在某些方面表现出“早熟”。然而，这些早教机构并不关心幼儿的社交技能，比如和小朋友适度地交往，表达自己的需要，与人合作等，也不关心幼儿的情绪发展，比如是否了解自己的情绪，是否能够判断他人的情绪，并根据情绪做出合适的反应等，当然也不关心幼儿是否快乐。这些早教机构很难实现我们所说的早教重点——均衡发展。强化训练看起来让孩子提前掌握了一些“技能”，但对儿童长期的发展有没有什么副作用呢？会付出什么代价呢？

天普大学（Temple University）儿童发展心理学家凯西·赫什–帕萨科（Kathy Hirsh-Pasek）等人的一项研究告诉我们，幼儿个人“学业”上的早熟也许并不是好事。他们随机挑选了120个孩子，有些上以学业为主的幼儿园，有些上以社交为主的幼儿园。当他们5岁时，以学业为主的幼儿确实比以社交为主的幼儿知道更多的字母和数字，但当他们上小学以后，前者并没有比后者表现出更高的智商。可以说，他们在知识储备或者说技能上的优势这个时候已不明显了，而后者反而比前者表现出更强的创造力，对学习更有热情。

学业方面如此，那么单纯培养孩子一些才艺特长，又有什么副作用呢？

要知道，任何人要训练滑冰、阅读、弹钢琴、下棋等才艺都必须投入大量时间，幼儿更是如此。对于幼儿来说，如果每天都要以小时计地练习某项技能，很可能会伤害他们自发的兴趣、学习的热情和内心的动力。同时，他们其他方面能力发展的可能性就减少了，发现其他兴趣的机会也相应减少。另外，幼儿的很多社会技能、情绪发展都需要在和小朋友的交往中去自己体验和学习。如果过多占用了孩子与他人交流的机会，必然会影响他们的社会化和情绪发展。

有着20多年儿童和青少年心理咨询经验的心理咨询师詹姆斯·泰勒（James Taylor）博士在儿童和青少年咨询中的发现也证实了这一点。很多有特长的孩子在情感发展上落后2~5年，这是由于父母在他们的特长上花了大量的精力，却忽视了他们的情感发展。情感发展不成熟往往导致孩子无法面对挫折、人际沟通弱化等问题。

所以，不管是什么方面的早教，一定不要忘记，我们的目标是要培养一个均衡发展的孩子。回到这一章开头的纠结，父母困惑要不要上学前认字、数数，其实上学前最需要培养的是孩子的行为习惯和一些能力，以便让他们能够比较快地适应小学生活。

比如——

在生活中加以引导和练习，以便料理自己的一些事情，像绑鞋带、整理自己的书包等。

在亲子阅读中培养孩子的阅读兴趣和阅读习惯（不一定要认识字）。

保护孩子的好奇心，让他们对世界万物有强烈的兴趣。

在玩玩具的时候注意培养孩子解决问题的能力和信心。

在游戏中学会和同伴交往，包括解决冲突，等等。

所有这些都有助于孩子将来适应学校和促进学业进步，有助于他们各方面的均衡发展。

早教，就是提供各种条件，帮助儿童均衡发展。我们需要从整体出发、从长远出发来看待这个问题。

『实战』TIPS

父母和家庭才是早教的主力军

当我们了解了什么是早教，什么样的早教是好的早教，就会承认，父母和家庭是早教的主力军，我们必须承担起这个责任。能找到好的早教机构，不妨作为我们的辅助；找不到好的早教机构，也并不妨碍我们进行早教。唯有我们放开对早教机构的纠结，才能回归早教的真义，才能赢得早教的广阔天地。那么，在家庭生活中，我们该如何进行早教呢？希望下面几条建议，能够帮助到你。

Tip1：充满爱的照料是宝宝良好发展的基础

我们都知道，成人和宝宝的互动过少不利于宝宝发展。心理学家做过“面无表情实验”，让妈妈面对小宝宝的时候，不说话、不动，面无表情。小宝宝在这种情况下先是很困惑，然后很焦虑，他们向妈妈微笑、挥手、牙牙儿语，想引起妈妈的互动，但妈妈都无动于衷。当这些努力都失败的时候，他们会非常失望地退缩，大声哭泣或者把头转开，不再和妈妈对视。这个实验仅仅持续两分钟时间。而在真实的生活里，如果妈妈经常对宝宝的需要和信号不做适当的回应，将对他们的各方面都造成伤害。

成人在充满了爱的情绪下，和宝宝轻声说笑、微笑、拥抱、展示玩具等，在这种情况下，宝宝会报以同样的欢笑、牙牙儿语和手势。互动不仅仅包括语言和行为，不仅仅妈妈人在那里就够了，更包括眼神的对视、情绪的交流、肌肤的接触，以及宝宝从中获得的最基本的体验。这些体验是良好发展的基石。

Tip2：鼓励宝宝通过感知和运动探索世界

心理学家皮亚杰把 0~2 岁称为“感知运动阶段”，这个阶段的宝宝通过感知和运动来认识世界。宝宝经常喜欢吃手，或者什么东西都往嘴里放，或者喜欢到处摸、到处爬。这是他们在这个阶段的学习方式，爸爸妈妈要理智看待宝宝的活动，把宝宝的手洗干净，把周围的环境布置得更加安全，尽量不去限制宝宝的手、嘴和脚的活动。

有些家长疼爱孩子，或者因为怕危险、怕麻烦，限制孩子碰这碰那；已经到了会爬会走的年龄，还是把宝宝抱在怀里，出了门也一直让宝宝坐在婴儿车里。这在一定程度上剥夺了孩子体验自己身体运动、保持平衡的机会。

我家小宝因为早产，所以爬和走路都比足月的孩子晚一些。他在学爬和学走路时，我会有意识地练习他对运动的感知，比如，“从哪里走是向上走”或者“我现在走在哪里”。这样的练习能帮助孩子体会自己身体的运动并且保持平衡。我常常在地上给小宝堆两个枕头，让他去踩。他会感到：“哎，这个这么软，踩软的东西是这种感觉。地毯也是软的，但是感觉不一样。”

他刚开始学走路的时候，我拉着他的手。后来医生教我，孩子学走路的时候，如果我们拉着他们的手，手臂的力量是往上的，这样就依赖了别人的力量而不能自己来体会平衡。当一个人自然走路摆动双臂的时候，双肘的位置在腹部左右。医生教我轻轻扶住孩子的手肘，不要向上拉住他的手臂，让他自己去体会怎么保持平衡。当他会走路了以后，在外面玩的时候，我有时候也故意让他走斜坡，上下坡的时候，让他练习手、脚、肩膀和腰怎么配合，保持平衡。

宝宝各种感知觉均衡发展，才能为他们探索世界、发展思维打下良好的基础。

Tip3：玩具不是越贵越好，泥土花草都是宝宝最好的“玩具”

现在只要经济条件允许，爸爸妈妈总会给宝宝买很多玩具，而且很多人觉得越贵越好。其实，只要给宝宝提供丰富而多样的物品就好，并不一定要买大量的高级玩具。

要让宝宝接触各种材质的物品。大宝两岁的时候，我们去参观幼儿园，发现大部分的幼儿园都有一个特别的角落，叫感觉区。那里放了各种质地的材料，像纹理不同的布、米、豆、棉花、纸、橡皮泥等，许多瓶子里装了不同颜色、不同密度的液体，以及水、油、肥皂水等，让孩子观察和触摸。

我深受启发，在家里也准备了一些材料，像不同厚度的纸张、棉花团、橡皮泥，我洗米做饭的时候也让他来抓几把。在家里容易清洗的地方给他玩水和沙子，感受沙流过手和水流过手的不同，听水流和沙流声音的不同。还有一次，大宝拿着一个玩具小猪，放在巧克力布丁里，假装小猪仔在泥地里打滚，然后再把它丢到水盆里洗澡。偶尔我会陪他玩这些脏兮兮、黏糊糊的东西。他的老师说，有的孩子不愿意画手指画，因为他们不喜欢这种脏兮兮、黏糊糊的感觉，我想还是让宝宝尝试各种体验吧。我还买了一些不同材质的玩具：像浑身都是触须的球，一动触须就乱抖，而且还有弹性。还有一拉绳子就会发抖的毛绒兔子（里面装了个小马达）。我把兔子贴到他的脸上或者肚子上，然后拉下绳子，让他去感觉这些抖动、震动。开始他觉得这种感觉很奇怪，后来却爱上了这个游戏。这也是发展触觉的一个途径。

陪宝宝玩的时候，我通常一边玩一边用语言形容这种物品。比如，“皮沙发凉凉的”“布丁黏糊糊的”，让他把事物的性质和语言联系起来，这同时也是学习语言的一个途径。他通过触摸、观察、闻味道，还有听爸爸妈妈说，来了解事物的性质。这样的体验是丰富而多样的。

另外，玩具并不是越贵越好。面对朴实无华的积木和颜色鲜艳、可以发出光和声音的玩具，你会选择哪个？有着声光电的玩具看似比积木更容易吸引宝宝的目光，但简单的积木更容易激发宝宝主动学习的潜力。宝宝在相对安静的环境下，通过放、排、堆、推等来练习手部的精细动作，不同的摆法会有不同的结果。有时候还可以观察和比较数量大小和长度，比如，五个大积木排起来比五个小积木排起来要长，这都是宝宝在学习。所以丰富的环境并不等于源源不断地买新玩具，而是要看父母怎么引导宝宝利用玩具和其他用品。家里的瓶瓶罐罐、室外的泥土花草都可以是宝宝的“玩具”，是他们认识世界的中介。

第 3 章

敏感期，是否真的无处不在？

流行的“敏感期”被大众泛化和夸大了，父母既不要被敏感期禁锢，也不要消极等待敏感期。给孩子有质量的互动，了解孩子的发展共性和个体差异，细心观察孩子的兴趣所在，给孩子适度、均衡的学习内容，才能因势利导，事半功倍。

有一次，一位妈妈在微博上问我：我家宝宝两岁了，最近吃饭的习惯非常不好，经常乱丢食物，不好好吃饭，以前一岁多的时候还挺好的，能自己学着用勺子吃。我是不是错过了孩子的吃饭敏感期，应该怎么弥补？

类似这样的问题还有，我的孩子是不是进入了书写敏感期、认字敏感期、画画敏感期等。妈妈们的私信里传递出深深的焦虑，不是担心错过敏感期，就是询问错过了该怎么弥补。

渐渐地，我发现目前有关敏感期的概念在国内的传播和使用过于宽泛了，已经偏离了敏感期最初的定义，并且引起了很多父母毫无必要的焦虑。有很多父母认为孩子在婴幼儿期间有很多敏感期，生怕宝宝错过了，所以小心翼翼的，宝宝一对什么感兴趣，就觉得是敏感期到了，于是上心“培养”。

比如，一岁多的宝宝用手探索世界，手的精细动作正在发展，吃饭的时候，他们喜欢抓握勺子或者食物。妈妈们觉得这是吃饭敏感期。到了两岁多，宝宝的兴趣会变，他们感兴趣的东西更多了，某段时间可能不喜欢自己吃了。这个时候很多妈妈会很焦虑，觉得自己错过了吃饭敏感期，没把孩子培养好。这都是没有必要的。

另一方面，对敏感期的误解可能会带来消极态度。因为觉得反正有“吃饭敏感期”，有些妈妈看到自己的宝宝不爱吃饭，就想着肯定是吃饭敏感期没到，于是就消极等待。宝宝不爱吃饭并不一定是没到吃饭敏感期，原因可能多种多样。爸爸妈妈应该积极地去寻找原因，对症下药，这才能够帮到孩子。

所以不管走向哪个极端，对宝宝的发展都没有好处。为此，我们有必要了解一下究竟什么是敏感期，它又是从何而来的。

什么是敏感期？

敏感期的源头是关键期

要说清敏感期的概念，让我们从源头——关键期（critical period）这一概念讲起。最初，关键期概念是在动物行为学研究领域提出的。20 世纪 50 年代，欧洲生态学家罗伦斯和同事发现，一些鸟类的宝宝或者鹅宝宝在出生后会跟随母亲，确保自己得到照顾和保护，增加存活率。这种行为叫印刻（imprinting）。从实验室保温箱里孵出来的鹅宝宝没有看到妈妈，它们第一眼看到的移动物体是罗伦斯，于是就把罗伦斯当成妈妈，时刻跟随他。罗伦斯说，孵出来后的13~16个小时是这些鹅宝宝形成这种依恋的关键期。

所以，关键期的意思是，在动物发展过程的某个时间段内，它们已经在生理上具备条件用以在某一方面发育或者发展；而且，此时这个个体对来自环境的刺激也最敏感。如果得到了相应的刺激，就会正常发育或者发展；而如果错过了就很难弥补，这段时期就是关键期。

人类的生理发育在一定程度上也存在着关键期。比如，人类的胚胎在母体内遵循着一定的时间表发育，如果在一定的时间内没有发育，就会受到不可逆的影响。比如20世纪五六十年代，德国的一些孕妇会食用一种止孕吐的药。后来发现吃了这种药的妈妈生下来的宝宝四肢发育不健全，同时还有一些其他缺陷。这正是因为药物的作用令胚胎在发育的关键期受到影响，错过了就无法弥补了。

那么，对于更为复杂的认知行为或者社交行为，是不是也存在着某个关键期，儿童是不是必须在某个关键期内才能在认知和社会化方面正常发展呢？在长期的研究中，发展心理学领域认为，用关键期来解释儿童的心理发展有很大的局限性。因为关键期存在的两种情况——“要么发展”和“要么不发展，无法弥补”，事实上并不符合儿童身心发展的实际情况。

敏感期并没有关键期那么极端

发展心理学提出了更为灵活的概念——“敏感期”（sensitive period）。敏感期的定义是，某一时期就生理上来说是最优发展期，因为生理上已经准备好，以便一些能力的产生和发展，这个时候外界对个体的影响最为敏感。如果这个时期环境给个体提供了恰当的影响，某些方面的发育和发展就能以最优方式发生。

敏感期和关键期不同的是，敏感期并没有严格的边界定义。如果在敏感期环境没有给予恰当的影响，发育和发展仍然有可能发生，只不过，很可能达不到最佳的效果。

这就是发展心理学中敏感期的定义。必须承认，当孩子处于某一方面的敏感期时，如果外界给孩子提供了合适的发展环境和刺激，确实有事半功倍的效果，这也正是家长们担心错过孩子发展敏感期的原因。但另一方面，我们要科学解读敏感期的概念。下面就让我们从三方面来深入地了解敏感期。

> 第一，敏感期不像关键期那么极端，它没有严格的什么时候到什么时候的边界定义。即使错过了，可能达不到最佳发展，也并不意味着“要么发展，要么无法弥补”。
>
> 第二，在儿童心理发展过程中，敏感期的“窗口”远比我们想象的大，不是大家理解的“只有几个月或一年的时间”。孩子的发展期没有那么容易就错过了，更不是稍纵即逝。

第三，发展心理学中的敏感期，并不是像字面理解的那样——宝宝喜欢什么，就是对什么敏感，就是“××敏感期”。孩子的成长，每个阶段都有其特有的规律和特点，这一点毋庸置疑。但是，并不是每一阶段都可以笼统称为“××敏感期”。

我们以宝宝学说话为例。研究表明，学会母语有敏感期。正常的宝宝一出生就具备了学会语言的生理条件。不过要想学会语言，还必须生活在一定的语言环境里，因为在人生最早的几年宝宝对语言的输入很敏感。所以说在人生的头几年，周围的环境必须给他们提供学习语言的环境。但是，这并不表明，错过了人生的头几年，孩子就永远无法学会说话了。即使在婴儿时被剥夺了语言环境，到六七岁时才生活在丰富的语言环境中，他们也依然能学会说话。7 岁之后，儿童学不会母语的概率才会逐渐增加，这和“7 岁以后，就再也不能学会母语”的论断是有差别的。从这一点就能看出，学习母语的敏感期非常长。

所以，一个生活在正常环境里的宝宝，他们能够和周围的人正常互动，能够获得足够的语言刺激，错过语言敏感期的可能性是相当微小的。只有像狼孩那样，或者是被关在壁橱里的孩子，完全与人类社会隔绝才有可能无法弥补。

关于孩子的学习窗口究竟有多宽，看看下面这张图，你可能会有更好的认识。

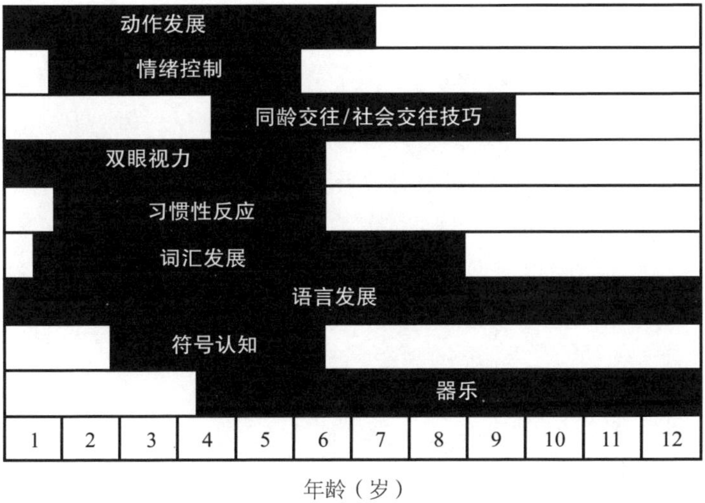

学习窗——神经连接的重要阶段

资料来源：*In the Beginning:the Brain, Early Development and Learning*, by Michael Hagel

不同类型的学习由大脑不同区域负责，而大脑不同区域的发育速度不一样，所以学习窗是指特定类型的学习最佳的发展时间。不过值得注意的是，学习窗从来不会完全关闭，或者令孩子在早期丢失某种认知能力。即便是到了成人阶段仍可以参与各种类型的学习。

自从敏感期这个概念开始流行，很多人泛化、夸大了这个概念，又自创了很多相关概念，比如，婚姻敏感期、写字敏感期、画画敏感期，甚至还有吃饭敏感期等。这些概念很多都没有什么意义，甚至还会起到反作用，所以父母们没必要对“敏感期”草木皆兵。

亲爱的爸爸妈妈们，通过以上三个方面的解释，相信你们已经理解“敏感期”的本来含义，并且在自我审视中有所收获——把敏感期当成一个万能筐，什么问题都往里面装，对促进孩子的发展没有任何好处。所以，我们警惕不要掉进“敏感期”的坑里。

警惕掉进“敏感期”的陷阱

很多妈妈的共同问题是，我的孩子在某个阶段对某一件事特别感兴趣，这是不是进入发展的某某敏感期了？我是不是应该加以引导呢？比如有个妈妈写信来问：我家宝宝现在三岁两个月了，她真的对画画特别感兴趣，没事就拿笔到处涂涂画画，这应该就是到了画画敏感期了吧？我是不是该有意识地引导呢？

首先，父母能够观察到孩子在某一时期的兴趣并加以引导是一件好事。不过到底要不要在“敏感期”这个概念里面讨论孩子的兴趣，我们就要仔细分析了。

儿童的发展在每个阶段都有一定的规律和特点，为人父母，需要了解和尊重这些发展的特点和规律。同时很重要的是，父母也需要了解，孩子的发展特点可能会通过不同的行为表现出来。如果处处套用敏感期去解释这些表现，父母便会钻牛角尖，只关心表现出来的行为，并冠以“××敏感期”，那么便很容易忽视背后的发展规律，同时产生不必要的焦虑。

爱画画不等于进入画画敏感期

孩子爱画画并不等于孩子进入了画画敏感期。我们以手的精细动作的发展为例来解释。

孩子的精细动作发展有一定的时间表（见下表）。

年龄段	手的精细动作发展表现
4~5 个月	孩子能够抓握物品，把一个物品在两个手中倒来倒去地研究。他们依靠手指的触觉来学习物品的特性。
6~12 月	孩子的手指动作更加灵活，在第一年结束之前，孩子能够用拇指和食指拿起一个物品。
1~2 岁	可以用 3 个大积木搭一个“高塔”；可以拿住蜡笔乱涂；画油彩画的时候会移动整个手臂，会两只手互换。
2 岁左右	可以画横线和竖线。
2~3 岁	会穿起 4 个大珠子；握蜡笔的时候用拇指和其他手指（不是食指）；画油画的时候会有一些手腕的动作；会滚动、挤压、拉扯以及捶打橡皮泥；会转动门把手。
3~4 岁	可以用 9 个小积木搭“高塔”；可以画圈和十字架；玩橡皮泥会搓一条蛇、一个球，做个饼干等；会用剪刀剪纸。
4~5 岁	会按要求画很粗糙的形状；会用积木摆放横的或者竖的结构；会自己穿脱衣服；会模仿写一些字母；会用剪刀沿着线剪。
5~6 岁	会写字母，会写一些数字；会使用一些工具，用绳子穿住细小的珠子；会使用 3 个手指握笔；会画一些不同的物品。

资料来源：以上时间表参考了劳拉·伯克的 *Infants and Children*，以及网站 babycenter.com。详细的儿童发展表请参看这些资源。

这是大致的发展时间表，大部分孩子都是这么发展的，这就是共性。

可是每个儿童的发展既有共性，也有个体差异性。在发展过程中，每个孩子的兴趣都不一样。有的孩子三四岁的时候开始对画画感兴趣，喜欢涂鸦，因为他们在生理上具备了发展精细动作的能力，也喜欢运用这些能力，发展这些能力。这个时候，如果父母提供一些条件，比如大量的纸、各种蜡笔、水笔，让他们接触不同色彩、不同材质，也许会为他们打下画画的基础。

但也有些儿童三四岁的时候对画画不感兴趣，这些父母就开始焦虑，觉得是不是自己的宝宝错过了画画敏感期，千方百计地想让他们喜欢上画画。可是，这些孩子就是对画画爱不起来，他们喜欢玩汽车、搭积木、捏橡皮泥，或者穿珠子。

其实这些都很正常。即使有些妈妈观察到自己的孩子在某段时间对画画感兴趣，也不是说孩子进入了画画敏感期，而是这些孩子在精细动作发展的基础上产生了个人兴趣。因为根本没有画画敏感期，也没有证据说三四岁是学画画的最佳时期，一旦错过就永远不能发展。相反，有很多画家都是很晚才开始学绘画。

对画画不感兴趣的孩子，他们的精细动作也一样发展。他们也许通过其他方式和其他兴趣，比如玩汽车、搭积木、做各种手工等，这同样是基于精细动作的发展，来运用和锻炼手的能力。所以说，他们的发展规律是有共性的，在这段时期内，手部的精细动作得到发展和运用，但是个人兴趣却千差万别。父母要做的是鼓励孩子的兴趣，而不是为某些所谓的敏感期焦虑，越焦虑越强迫孩子去做，孩子反而越反感，那么，父母的焦虑在这里起到的就不是促进作用，而是阻碍作用。

不要消极等待“识字敏感期”

还有很多父母比较关心的是到底有没有识字敏感期。有的人说，识字敏感期之前千万不能让孩子识字，会破坏想象力。可是如果到了识字敏感期才教他们识字，有的父母会担心孩子识字慢。

非正式识字体验越多，语言、读写能力发展越好

我们根据发展心理学的定义来看一下“识字敏感期”。如果真的有识字敏感期的话，那么，在这个时期，儿童在生理上已经准备好，识字能力在周围事物和人的支持下能够顺利发展。如果错过这个时期，孩子在识字方面就再也不能得到最佳发展。传说中的识字敏感期到底是几岁到几岁，目前我也没有看到确定的说法。有人说五六岁，那么，是不是孩子只有在五六岁才能好好识字，过了这两年，就再也不能好好识字了呢？答案显然是否定的。

如果我们能够认识儿童的发展规律，从发展的共性和个体差异，而不是识字敏感期的角度去看待识字这件事，就不会焦

虑，也不会消极等待识字敏感期了。

早在儿童识字之前，他们对文字已经有所了解，因为他们生活在一个充满了文字的世界。他们在日常生活里不断看到文字，比如商品的标签、路牌和路标、商店名字、日历等。爸爸妈妈还经常跟他们一起阅读，他们逐渐明白这些符号是有含义的。很多孩子在玩“去超市买东西”的游戏时，会带着一张他们自己“写”的“购物单”，虽然这个购物单上不是真正的文字，而是他们画的一些字符，但这代表他们明白文字以及购物单的功能。两三岁的时候，也许他们并不能把声音和文字一一对应，但看得多了，听得多了，他们就逐渐把声音和文字对应起来，这样，他们就慢慢识字了。

在生活中逐步把声音和文字对应起来，把物品和文字对应起来，我们称之为非正式的识字体验。在孩子看到字的时候，比如买菜的时候，如果孩子对商品标签感兴趣，就告诉他们，他们就会把标签和真实的物品对应起来，把发音和文字对应起来。研究发现，这种非正式的识字体验越多，孩子的语言发展以及将来读写能力的发展越好。

如果父母相信有识字敏感期，消极等待它，相信在识字敏感期之前绝对不能教孩子识字，那么这对孩子的发展会起到消极的作用。儿童的发展是持续的，他们不会在所谓的识字敏感期突然一下子就开始识字，之前的非正式经历会对他们有积极的帮助。

有的研究比较了贫困家庭和中产家庭儿童的非正式识字体

验。贫困家庭的学龄前儿童极少有机会和父母一起念故事书，或者很少有父母支持非正式识字体验，他们在入学后很长一段时间，读写能力都远远落后。美国的一项研究发现，低收入家庭的儿童在2~6岁期间和父母一起阅读的小时数只有25个小时，而中产家庭父母和孩子阅读的小时数是1 000小时。入学以后这些孩子在认识字母和单词正确发音，甚至写自己的名字上都有显著的差异。

所以我们支持父母和儿童一起阅读，一起游戏。如果孩子有兴趣，就告诉他们在周围环境看到的文字，培养他们的好奇心和阅读兴趣。在此基础上，孩子识些字并不会对他们造成什么伤害。事实上，如果孩子有兴趣，有学习的主动性，我们根本阻止不了他们学习，除非消除所有环境的影响，把他们关在壁橱里。

重要的是阅读兴趣的培养，而不是识字

同时我们要特别注意，我们所支持的是非正式识字体验，一切应以儿童的兴趣和能力为根本，而不是功利地一定要他们认识字。在学龄前，通过生活中大量的非正式识字体验，孩子把字、音、物品、生活等联系在一起，发展了理解能力，理解了听到的话、读到的字是什么意思，听到的词能运用于合适的情景中，能和自己的生活联系起来，这比单纯地识字重要。

我见过读完一篇中文文章，却不理解讲的是什么的外国人，因为缺乏语感，缺乏对语言和生活的关系的认知，大脑无法处

理字和字的关系，同一个字换成和另一个字组成的词组，意思又不明白了。这种认识字却无法理解一段文字所传达意思的情况很常见。

所以学龄前儿童的主要任务不是抓紧时间认识字，而是通过沉浸在语境里，听得懂，在适合的情景里说得出，这些都会对将来的阅读理解能力可持续发展有帮助。认字有早晚，有的孩子在5岁之前通过非正式识字体验认识了一些字，有的孩子在五六岁还不认识几个字，父母都不必恐慌。在家庭环境里持续提供非正式的识字体验，等进入小学，开始正式的识字体验后，有些孩子就会厚积薄发，识字速度非常快。在这个过程中我们还需要关心孩子的均衡发展——识字、阅读、表达、理解都要平衡发展。

所以，希望父母不要被识字敏感期束缚住，前怕狼后怕虎，孩子上学前认识几个字也害怕，孩子在所谓的识字敏感期不认识几个字也害怕。关键不在于什么时候认识几个字，而是让孩子有阅读兴趣，养成一定的阅读习惯，让他们在阅读方面以及学习方面有发展的后劲。

从上述内容中我们了解了敏感期的概念以及要注意的问题，由此，父母们对敏感期不必过于焦虑，但是又要警惕完全的忽视。两种过于极端的做法，对孩子的成长来说，都是不利的。

大脑发育既有敏感期也有可塑性

前文中我们就曾提到，早期大脑的发育很关键，有一定的敏感期。可是研究同样发现，早期大脑的发育也有着很强的可塑性。这两者不矛盾。因为有发育敏感期，所以在早期父母要给儿童提供稳定而多样化的环境。然而，人类的大脑在早期设计了多余的突触，婴幼儿的突触是成人的两倍，万一某一部分受损伤，有多余的可以来弥补。

大脑的发育有一定的敏感期，如果早期对感觉系统极度剥夺，会造成大脑的永久创伤和功能丧失。一个月大的猫宝宝在完全没有光线的地方生活三四天，大脑的视觉中心部分区域会有损伤。如果继续在黑暗里生活，过了 4 个月，这种损伤就很有可能是终身的。

人类的宝宝也一样。有些宝宝一出生双眼就有白内障，如果 4~6 个月之内就做手术，他们的视力会恢复得非常快。拖延时间越久，视力恢复的可能性就越小。如果到成人才做手术，因为缺乏视觉刺激，他们视觉的损伤会非常严重，并且是永久的。

这些例子说明，大脑的发育有一定的敏感期，同时也说明，大脑的发育是非常有可塑性的。

早期生活环境的质量会影响大脑的发育。第二章讲到的小白鼠研究已经证实了，小白鼠从小生活在正常的环境里，物质足够丰富，并且生活在群体里，有和其他小白鼠的社交，它们比一出生就与世隔绝的小白鼠要聪明。

人类婴儿也是如此。在孤儿院生活的孤儿，可以说物理环境和心理环境都处于劣势，如缺乏抚摸和关爱。有项研究跟踪了0~3岁半孤儿从孤儿院到领养家庭的转变。刚离开孤儿院到领养家庭的时候，大部分孤儿的大脑多多少少有些损伤。在6个月之前被领养的孤儿，他们的认知发展飞快地赶上来，这些进步是持续的。当他们进入青少年的时候，他们的测试显示和领养家庭的其他儿童没有差别。在6个月以后被领养的孤儿，虽然他们也有持续的进步，不过他们的认知测试分数要普遍低于平均分。

所以说，大脑的发育在人生的头几年里很关键，越早发生的损伤，如果能够获得及时弥补，恢复的可能性越大。当然，也不能将“可弥补性”当作一根救命稻草，而对孩子成长中的缺失视而不见，完全顺其自然。

与此同时，学者们提出，对大脑的损伤进行弥补也并非没有代价。当儿童大脑出现损伤，正常部分会代替损伤部分，这就意味着正常部分要处理比正常情况下更多的信息，执行更多的任务。这样的后果是，大脑处理信息的速度和正确率可能会有所下降。这是大脑神经科学家提出的拥堵效应（crowding effect）。由此，他们也担心，早期给大脑输入过多的信息也可能造成神经拥堵效应，反而不利于早期大脑的健康发展。所以，在注重及早弥补的同时，也要遵循婴幼儿大脑处理信息的规律，不要在宝宝还小的时候不断地让他们学这学那，要适度。

亲爱的爸爸妈妈们，当你们理解了敏感期的本来含义，了解了儿童发展的“时间窗口很宽”之后，你们就不用过于焦虑，生怕错过某某敏感期，让孩子无法得到最好的发展。当然，如果成长过程中发生了某种严重的缺失，也要及时注意到，年龄越小，恢复越快。另外，早期的信息输入必须适度，信息输入过多、过少或者不平衡都极有可能会阻碍儿童的发展。了解了这些之后，希望父母们能够在面对孩子敏感期的时候更加从容淡定一些，不要慌乱焦虑，多一些观察和爱，给予足够的耐心，陪孩子一起成长吧。

『实战』TIPS

打破敏感期的枷锁！

打破敏感期的枷锁，既不被敏感期束缚，消极等待孩子发展，也不被敏感期追赶，逼迫孩子学这学那。无论何时都记住，给予孩子适当的支持和帮助。

Tip1：了解宝宝发展的共性和差异，才能因势利导

一部分敏感期的说法简单概括了某个时期宝宝的发展特点，让父母对宝宝的一些行为多一些宽容，不去粗暴干涉。不过，如前所说，敏感期没有指出宝宝某个时期的发展共性和个体差异，很容易让父母只关注表面现象，知其然而不知其所以然，有时候难免会出现误导。

比如很多妈妈深信一岁多是宝宝的吃饭敏感期，这

可能会让她们对宝宝自己动手吃饭更加支持，容忍吃得乱七八糟。但是，很多妈妈并不清楚这个阶段宝宝发展的共性和个体差异。

有很多一岁多的宝宝愿意自己吃饭，一是因为手部精细动作的发展，他们能够有效地抓起食物或者使用勺子。二是根据埃里克森的理论，宝宝在 1~3 岁这一阶段，通过不断使用自己的各种新能力，建立了一定的自主感。父母要允许他们做一些自己可以做的事，自己做出选择，比如自己吃饭，自己拿水杯，在黄色裙子和红色裙子中选黄色裙子，等等。如果妈妈怕宝宝做不好而干预他们，不给他们自己做事的机会，不给他们选择的机会，或者经常念叨"你看你看，我就知道你做不好"，就会让宝宝产生自我怀疑以及羞愧感，影响将来健康人格的发展。所以自己吃饭是建立自主感的行为之一，但不是全部。

有些宝宝在一岁多的时候并没有太强烈的自己吃饭的意愿，这个可能是个体差异。当我们了解了这一点，有自己吃饭愿望的宝宝就鼓励他们，并在其他方面也注意培养自主性的发展；而暂时没有强烈的自己吃饭愿望的宝宝，也不必焦虑，在其他方面一样可以培养他们的自主性，只要妈妈仔细观察，找到他们的兴趣所在。

而有些宝宝一岁多愿意自己吃饭或者吃得挺好，到两岁多为什么反而不好好吃了呢？这就需要我们具体情况具体分析了。有些宝宝也许有了别的兴趣，对吃饭不在意了；有些宝宝可能在其他方面经常被父母阻止，自主性被伤害，从而对自主吃饭也丧失了兴趣。

所以，当我们被“敏感期”的概念所禁锢时，容易看不清宝宝发展的真相，一叶障目。只有跳出敏感期的框框，了解宝宝每一时期的共性和个体差异，才能因势利导，最有力地帮助自己的宝宝健康发展。

Tip2：建立良好的亲子关系，被证实对大脑发育至关重要

其实在正常的环境里，宝宝都能健康发展。比如，只要在正常的环境里，婴儿的视觉就能正常发育，除非被关在小黑屋里，被剥夺了正常的环境才会破坏正常发育。我们强调父母和周围的人要对宝宝的需求敏感，有规律地满足他们的需要。周围的环境比较丰富，能满足宝宝的探索需要。生活的点点滴滴都是在促进婴幼儿的发展，一起唱儿歌、躲猫猫，一起读一本书，在户外荡秋千等，这是儿童发展的基础。

如果婴幼儿的日常生活有规律且丰富多彩，父母提供稳定的爱，就不必担心会错过什么敏感期，而特意培养孩子的某种技能，比方说阅读、下象棋、拉小提琴、写作等等。目前没有证据显示在人生的头几年，掌握阅读、乐器或者体操等技能有敏感期。这些技能需要大量的训练，没有证据显示必须在人生的头几年掌握才能最佳发展。相反，如果早期大量练习，反而会减少大脑对日常生活体验

的敏感度，而这正损害了健康发展的基石。

在每一天看起来平淡的生活里，和宝宝有质量地互动，给他们关爱和拥抱，建立良好的亲子关系，已经被证实对婴幼儿的大脑发育非常关键。即使物质条件不太好的家庭，父母经常拥抱孩子，和他们谈话、游戏，关心他们的感受，在一定程度上也会减少物质条件缺失对大脑发育造成的不利影响。

在日常生活中，让儿童顺其自然、多样化地进行体验有利于他们的发展，而不要把儿童的发展割裂，细分成一个一个“敏感期”。

第 4 章

电视节目是早教还是伤害？

研究表明，两岁以下的宝宝不适合看电视，真人之间的互动才是孩子最好的学习方式。但在这个数字时代，也不必把电子产品视为洪水猛兽，父母要根据孩子的年龄和特点，适当选择，适当使用多媒体，让孩子从多样化的渠道学习，才能平衡发展。

当妈妈们没有时间应付缠人的宝宝时，通常会打开电视机，让孩子在嘈杂纷乱的电视广告和各种各样的电视节目中安静下来。还有许多父母认为有的教育类电视节目能够让宝宝学会很多东西，所以他们经常让宝宝看节目来学习。有的父母还告诉我，看了节目，宝宝学会唱歌了，知道吃饭前要洗手，等等。

然而，从长远的发展来看，电视节目对婴幼儿是早教还是伤害呢？也有很多父母困惑：究竟婴幼儿能不能看电视，看什么样的电视，如何看电视比较合适？

下面我们先来看看1999年美国儿科学会（The American Academy of Pediatrics）的养育建议，基于此，来初步了解一下在这个问题上的早期结论。

1999年，美国儿科学会在大量研究的基础上，建议广大父母，在孩子未满两岁时，要限制他们看电视，因为过早看电视可能有碍幼儿的发展。美国儿科学会把电视、DVD、电脑播放录像等都归类成消极娱乐屏幕时间（passive entertainment screens）。

从1999年美国儿科学会提出建议后，美国一岁婴儿每天的消极娱乐屏幕时间平均为1~2个小时[①]。0~2岁的婴幼儿被商业机构当作教育节目的首要目标，这些商业机构借助广告效应，让父母们相信，观看这些节目对宝宝是有益的。不可否认，婴幼儿节目有娱乐的功能，不过这些公司不应该把自己的节目定位为教育性的，造成父母的误解，错误地认为宝宝看节目能促进学习，而且省心又省力。

这些节目究竟是不是对婴幼儿的发展有益？美国儿科学会在新报告中指出，十多年过去了，这方面的研究越来越多。从1999年到2011年，针对0~2岁组婴幼儿使用媒体的研究项目约有50个，报告指出，两岁以下的婴幼儿，还不能理解屏幕上发生的故事，到大约两岁，他们才会逐渐理解。也就是说，一些教育节目需要孩子到两岁以上看才比较合适。所以2011年，美国儿科学会再次重申1999年的建议。儿科学会的报告指出：媒体，不论是当背景播放的电视也好，还是专门为婴幼儿设计的教育工具也好，对两岁以下的婴幼儿，目前并没有找到任何有积极效果的证据，却极有可能有着潜在的伤害。

看来，从早期的研究及后来的实践中，儿科学会始终认为包括电视在内的媒体对婴幼儿的成长存在着不利的影响。那么，

---

① 关于iPad等互动式屏幕时间的问题下文会讲到。

我们今天来重新理顺一下这个问题，也便于父母们能够更好地解除这个疑惑。

美国儿科学会指出：两岁以下的婴幼儿不适合看电视

婴幼儿不能理解电视节目和现实世界的关系

爸爸妈妈必须依据自己孩子的年龄或月龄来了解他们的发展和变化，只有这样才能判断，两岁以下的宝宝看电视节目是否合适。

首先，婴幼儿的思维是“直觉行动思维”。

婴幼儿的认知特点决定他们看电视节目和成人不同。婴儿刚生下来时没有像成人一样的思维，只有一些先天的无条件反射，比如觅食反射、吸吮反射、抓握反射等等。皮亚杰把0~2岁的思维发展称为“感觉运动时期”。在这两年里，婴幼儿主要是通过听觉、视觉、触觉等感觉和手的动作来学习和认识这个世界。这个阶段的思维是直觉行动思维，也就是说婴幼儿主要在感知行动中进行具体而直接的思维。所以，在研究脑科学的心理学家施塔姆看来，让0~2岁的小宝宝看电视，他们看到的是一个个快速闪过的画面，而不能把画面组织成一个有意义的故事。

我们成人看电视，能够理解前后的画面以及画面之间的逻辑关系，一个个画面组成了一个有逻辑的故事。对于成人来说，电视剧是一个故事，虽然中间插播了一个又一个广告，但我们可以接着前面断掉的地方看下去，中间的广告不会中断我们对这个故事的记忆和理解。但是婴幼儿则不同，他们认为广告是另一个故事。当电视剧又开始的时候，他们会认为这又是一个新的故事，因为他们的记忆、理解力，都不足以让他们记住并判断前后画面的关系。所以，让他们过早过多地看电视，对他们来说，接受的只是杂乱无章的信息。

其次，0~2 岁的婴幼儿不能理解屏幕上发生的事情和现实中发生的事情的关系。

很多爸爸妈妈说，我家宝宝明明看电视学到很多东西。不错，几个月的婴儿就有模仿能力，所以，他们可以模仿电视上的人的动作并不稀奇，可是他们常常混淆屏幕里的东西和真实的东西。比如，9 个月的宝宝会把屏幕上出现的吸引人的玩具当成真实的玩具，并上前尝试用手去抓住，而 19 个月的宝宝则能分清，往往用手指指出这种方式表示他们喜欢这个玩具。而且，两岁以下的婴幼儿并不能把他们在屏幕上看到的场景应用到真实的情景里①。

在一个系列研究中，实验者让一组小宝宝通过一个窗口，看一个成人在另一个房间把一样物品藏起来；另一组小宝宝在屏幕上看同一件事情。通过窗口看到真实事件的宝宝很容易就找到了藏起来的物品；而通过屏幕看的那组宝宝，找物品非常

① Pierroutsakos & Troseth, 2003.

困难。这被称为“视频亏损现象”（video deficit effect），即看节目以后的表现差于看真实情景之后的表现。这个现象被其他多个实验室所证实[①]。可见，真人互动在小宝宝的学习中是很关键的。

研究表明，这种视频亏损现象在两岁半之后会逐渐减弱。所以，美国儿科学会建议，两岁以下的宝宝需要大量和父母或者其他照料者的真实互动。两岁半以后，电视节目才能真正对他们产生教育意义，而且前提是这些教育节目必须含有大量的社交线索（social cues），比方说，节目中的角色有大量直接看镜头的特写，他们会问很多问题，并在中间停顿，给看电视的宝宝回答的时间。反复看这类教育节目对两岁半以上的宝宝理解节目内容也是有帮助的。

所以，不建议两岁以下的孩子看电视，因为他们可能看不懂。但是有的父母可能会有疑问：我家孩子好像能看懂广告，而且看得津津有味；有的父母或许会说，平日家里老人看电视，孩子自己玩，只是背景音，没什么影响吧？

了解了婴幼儿的注意力特点和社会认知特点之后，相信你就知道该怎么做了。

---

① Deocampo, 2003; Hayne, Herbert, & Simcock, 2003; Krcmar, Grela, & Linn, 2007.

过多、过早看电视易产生注意力障碍

很多爸爸妈妈说，我的宝宝喜欢看广告，好像他们能听懂能看懂。说到这一点，必须要解释一下宝宝注意力的特点。

宝宝从生下来就会关注新奇的东西，人类的大脑就是这么设计的。宝宝对出现的新奇的东西有着强烈的反应，只有这样，他们才能把知识库逐渐扩大。当同样的东西（信息）一再呈现给宝宝，他们的注意力就下降了。通过宝宝的注视、心跳和呼吸的频率可以测出宝宝是否对一个事物失去了兴趣。我们把这个过程叫去习惯化。当去习惯化发生的时候，只有新鲜的信息才会重新唤起他们的兴趣和注意。越小的宝宝越依赖这个过程来认识外部世界。

宝宝为什么会“喜欢”广告？因为每个广告都非常短，广告和广告之间的音乐变化非常大。每个新鲜的广告对宝宝来说都是一个新鲜的事物，能激起他们的兴趣。这个现象在爸爸妈妈看来，就是我家宝宝喜欢广告。事实上不是宝宝喜欢“看”广告，而是宝宝会被新鲜的事物所吸引。即使宝宝被新鲜的声音或者画面所吸引，去“看”广告，我们也要牢记，两岁以下的宝宝，处于感知运动阶段，只凭观看来认知，学习的效果远没有用各种感官去感知——用小手、小嘴直接触碰一个物品好。

关于看电视和注意力的关系也有很多研究。多数研究认为，过多过早地看电视，也许可以解释现在越来越多的孩子注意力不能集中的现象。比如，2004 年，华盛顿大学的克里斯塔基斯（Christakis）博士的一项研究发现，3 岁以前，每多看一小时的电视，7 岁的时候就多 10% 的可能会产生注意力障碍的问题。另一项研究指出，大量看电视的 1~3 岁幼儿，他们在学龄早期，往往有注意力、记忆力和阅读困难。虽然严格说，这样的研究往往是相关关系的研究，不能直接得出“看电视导致了注意力障碍”，但是，有相当多类似的研究都指出二者有正相关的联系。由此可见，父母还是应该对 3 岁前看电视保持谨慎的态度。

这里要补充一句，我也不希望父母走向另一个极端，认为 3 岁以前一丁点儿电视都不能看，以至于有时候家里祖辈要带着宝宝看还会产生家庭矛盾。对长时间观看电视带来的负面影响所做的研究，通常都是以小时为单位的。小宝宝看个几分钟电视也不是什么严重的事，只是要避免长时间看。

把电视作为背景会损害孩子的社会认知和行为

还有很多爸爸妈妈认为，我家总是开着电视，这种背景式的电视对宝宝总没什么伤害吧？因为宝宝不怎么看，只是偶尔看一眼。但最近的一项研究发现，学龄前幼儿的家里如果有电视开着当背景，很可能会损害他们的社会认知和社会化行为。

对幼儿来说，理解他人的观点、意图、需要和感受非常重要。这是他们的社会认知。一方面，这些能力帮助他们迅速学习知识、语言；另一方面，这些能力帮助他们成为一个社会人，学习和他人互动，建立社会关系。

为什么理解他人意图这么重要？比方说，一个七八个月的宝宝看到妈妈指着一棵树说“宝宝，看，一棵树，这是一棵树”，他会顺着妈妈的手看向这棵树，并且明白妈妈的意图：哦，妈妈在告诉我这个东西的名字。这就是共同注意，是他们学习的一个基石。同样，了解他人的意图对建立社会关系也很重要，能了解他人的某个行为是善意的还是不友好的，从而调整自己和他人的互动，恰当表达自己的情感，等等。

佛利（Foley）的研究报告指出：卧室有电视，或者家里开着电视当背景的，幼儿往往在理解他人的愿望和想法的任务中表现较差，这阻碍了他们和他人建立积极的关系。在研究者设定了被试家庭的年龄和经济、社会地位等限制条件后，这种相关关系依然成立。有趣的是，如果父母陪伴幼儿看电视，在看电视的时候和幼儿交谈，这些孩子在探测他人的意图、愿望等任务中的表现就较好。

所以，表面上看起来宝宝对充当背景音的嘈杂电视节目没有关注，但这种做法仍很有可能损害他们的社会认知和社会行为。爸爸妈妈观察到的现象是，我家宝宝看电视学到几个单词、学到一些规则，比如吃饭前洗手，这都是模仿。但是，对宝宝探测他人感受、愿望、想法的损害，爸爸妈妈则无法观察到。

社会认知需要通过大量的互动来实现，比如，父母经常和孩子面对面地谈论有关意图、需要、感受等话题，和他们一起玩假想游戏。儿童通过这些一手的经历，从不同的视角来体会自己和他人的情感、需要、意图等。研究发现，当家里把电视开着当背景音的时候，父母和孩子谈话的时间就减少了，或者父母比较敷衍孩子。这样，帮助他们提高社会认知的互动就相应减少了。这一点希望引起父母的注意，不要把电视开着当背景音；在宝宝看节目的时候，尽量陪伴他们，多一些沟通和解释。

把电视开着当背景音还会造成另一个问题，它会分散孩子的注意力。比如宝宝在玩一个玩具，听到音乐变化或者瞄到新鲜的画面，就会去注意电视一下，这样就中断了他们本来正在进行的思考和观察。宝宝有时候需要学会独处、观察、自我娱乐、运用想象力、解决问题等，这些都是很重要的能力，而一直开着的电视会干扰他们锻炼这些能力。

从婴幼儿认知特点、注意力特点和社会认知特点分析看来，两岁以下的孩子并不适合看电视。不过在当下这个信息爆炸的时代，父母们也大量接触育儿信息，可能仍旧无法满足于这样的解答。有的父母依然会疑惑：专门为宝宝设计的婴幼儿节目总会好一些吧？另外，iPad这种互动型、游戏型的屏幕，相比电视这种消极型的屏幕，是否对调动孩子多感官的应用更好呢？

教育性的电视节目并不能让孩子变聪明

婴幼儿不宜看电视节目，那么，我们产生了一个疑问：专门为婴幼儿设计的节目，是不是和普通电视节目不同？像《小小爱因斯坦》《芝麻街》等儿童节目，会不会如这些设计者声称的，能够促进婴幼儿的发育，开发婴幼儿的潜力呢？

我们先来看一下迪士尼公司的退款事件。2009 年 9 月 4 日，迪士尼公司发出公告，凡是在 2004 年 6 月 5 日到 2009 年 9 月 4 日之间买了《小小爱因斯坦》录像带或者DVD的用户，可以收到原价退款。迪士尼公司有这样的举动，是“没有商业化影响的童年”（Campaign for a Commercial-free Childhood）这个组织长期推动的结果。

该组织有数据显示，《小小爱因斯坦》是“教育性的，能提高孩子智力”这样的宣传是虚假的、欺骗性的。《小小爱因斯坦》占据了 90%的婴幼儿媒体市场，每年卖出去 2 亿美元的产品。但是，如上文所述，有多项研究显示，1~3 岁之间长时间看电视和 7 岁时有注意力问题呈正相关的关系。迪士尼公司用赔偿的方式避免了那个组织的控告。

华盛顿大学的齐默尔曼（Zimmerman）博士、克里斯塔基斯博士和梅尔哲夫（Meltzoff）博士在一项研究中发现，8~16 个月的年龄段，看过《小小爱因斯坦》《芝麻街》的孩子反而比没有看过这类节目的孩子，在语言发展标准测试中的分数要显著地低。而 17~24 个月的幼儿，不管看没看这类节目，他们的语言发展差别都不是特别明显。也就是说，看号称能够促进宝宝智力发展的节目并没有显著的效果，而且还可能有损害。看到这里我们就会发现，这类号称针对婴幼儿的节目，不一定像家长想象的那样，能够最好地开发孩子的潜能。不看这类节目，自然也不会让孩子发展滞后。

有意思的是，迪士尼公司对这些研究结果大为恼火，他们一直没有放弃寻找证据，证实他们的节目确实对发展婴幼儿的认知、语言能力有帮助。不过，直到目前为止，他们也没有找到证据证实他们的节目有利于儿童语言发展，而且他们也找不到证据推翻那些已有的研究结果。

对于这个退款事件，迪士尼是这样回应的："我们首要的目标是鼓励父母和孩子之间的互动。我们对如何提高这种亲子互动一直在进行研讨。我们会继续给家长提供各种选择，帮助家长创造更多和孩子互动的机会。"[①]可见，即使是宣传教育节目能激发婴幼儿潜能的商业机构，也很清楚亲子互动在婴幼儿学习中的重要性。

有很多研究也证实了，对于婴幼儿来说，与真人互动的学习比从电视上学习效果要好。华盛顿大学学习和脑科学研究所的库尔（Kuhl）博士做了一个实验，给9个月的婴儿读书。实验对象是英语家庭，所以实验者给孩子读中文书，这样就排除了环境的影响。一组婴儿是一个真人给他们读书；另一组婴儿是看同一个人读书的录像带。结果，听真人读书的那组婴儿学会部分中文的发音，而看录像带的那一组却没有。

这个研究让人们意识到，原来互动在婴幼儿学习当中是多么重要。研究者认为，在真人读书的时候，读书的人和婴儿有眼神的交流，有情感的交流，而且婴儿会顺着读书人的视线，

① 引自2009年10月23日的《纽约时报》。

看到读书人正在看的东西，从而理解“噢，这个东西叫这个名字”。婴儿和读书人共同注意一个物体，能够促使婴儿把这个物体和声音联系起来，从而加强他们的学习。共同注意这种能力也是我们上面讲到的社会认知的部分能力。和真人的互动，不仅能促进宝宝的学习，更能促进他们的社会化发展和情感发展，形成健康的人格。

所以，如果你想教孩子学字母或者学数字，也许你根本不需要录像带，自己教应该是最好的途径。再好的教育节目，它也是平面的，比不上真正的物体。比如，在屏幕上再逼真的花，也不如真实的一朵野花，婴儿可以通过看、闻、摸多种途径来认识花。让孩子从屏幕上认识水，不如让孩子听水流的声音，用手感受水流过的感觉，把脚泡进去，跳一跳，看看水花飞溅。前面说过，0~2 岁的婴幼儿是通过各种感觉和手的动作来思维的。这些以多种感知觉得到的体验是最真实、最直接、最有利于孩子学习的。

由上文可见，对于婴幼儿，互动的学习方式是比较好的，那么，拥有很强互动性的触摸屏幕 iPad 等，既然能调动孩子的多感官，是不是就是最好的选择呢？

真人互动远比互动型屏幕对孩子有益

美国儿科学会把孩子玩 iPad、Tablet S 等归类为互动型的屏幕时间。目前对互动型屏幕时间的研究没有消极型屏幕时间的研究多，也没有明确的证据显示这些互动的游戏有益。美国儿科学会在现有研究发现的基础上，建议父母采取谨慎的态度。

有人称这一代宝宝为数字原生代（digital natives），在纽约的一项调查发现，11 个月的宝宝就开始使用触摸屏电子产品。现在司空见惯的是，越来越多的父母用电子触摸屏代替了图书和婴儿玩具，但是，这些电子产品对婴幼儿大脑的影响却尚未有明确的结论。有很多研究机构提醒父母，电子产品不能代替一对一的交流和游戏。他们建议父母不管宝宝会不会说话，都要经常和他说话，和他玩简单的游戏。不要忘记，和真人的互动是宝宝学习和促进其他方面发展的最佳方式。这些与真人的对话、游戏，能够帮助婴幼儿更有效地建立神经细胞的连接，也就是我们说的建立大脑里的复杂高效的“交通网”。

还有很多父母会担心，没有电子产品宝宝会无聊。其实这个世界对宝宝来说都是新奇的事物。我在棒球赛场上看到一些爸爸妈妈给一两岁的宝宝玩iPad或者iPhone，让他们能有耐心等哥哥打完比赛。其实不给他们这些东西也完全可以。当没有这些电子产品的时候，几个小朋友一起爬草地，玩树叶，挖土坑，玩得也很开心，并不会无聊。

而且，无聊并不是一件坏事。麻省理工学院社会科学教授特克尔（Turkle）指出一个现象：父母对电子产品期待过多，依赖电子产品过多，而不把重点放在自己和孩子的互动上面。她对这一现象表示担心。她和许多儿童心理学家都建议父母和婴幼儿真实地在一起，给他们读书，和他们说话，玩游戏，这一切都有助于建立父母和婴幼儿的情感连接，不仅仅促进婴幼儿的认知发展，也促进他们的情感发展。同时她也建议，父母应该让孩子学会独处。独处的过程促使孩子主动探索，主动思考。我们不应该用电子产品过多占用他们的时间，令他们无法学会独处和自我娱乐以及思考。

偶尔让宝宝玩一会儿iPad没有大碍，但是，无论如何不要让屏幕时间成为主导。有时候在生活中去掉一些物品反而有意想不到的收获。我在大宝上一年级的时候，把家里很多婴幼儿时期的玩具收起来，我发现，当兄弟俩缺乏很多道具的时候，他们的想象力和语言表达反而增强了。在他们的游戏中，出现很多语言的描述，并且出现很多自制道具或者替代道具。比方说，他们俩把贴在墙上的地图卷起来，把其中一个人卷在里面，另一个人嘴里发出奇怪的声音，因为这个地图是一个远程输送器。几秒以后，他们宣布，他们到了另一个星系。

对于稍微大一点儿的孩子，如果父母允许他们玩iPad，限制一下时间是必要的。2013 年 5 月，美国精神病学会发布的《精神障碍诊断与统计手册》(*the Diagnostic and Statistical Manual of Mental Disorders*) 里增加了一条“使用互联网失调症”(Internet Use Disorder，IUD)。这听起来似乎很严重。有研究表明，使用这些电子产品很可能不仅会改变人的生活习惯，而且会改变大脑。电子游戏就像其他让人上瘾的东西一样，会让人脑释放多巴胺 (dopamine)。这种化学物质使人快乐，从而让人不知不觉地沉溺其中。如果在幼年时期经常被电子游戏刺激而释放多巴胺，大脑就会形成这样的奖励机制，这对以后会造成很多问题。

有些孩子玩游戏的时候全神贯注，在课堂上却无法集中注意力。康涅狄格大学的萨拉曼（Salamane）教授说，这和多巴胺有关。他认为，多巴胺不仅仅是让人快乐的化学物质，它还和“动机”有关。当大脑释放的多巴胺少的时候，人甚至动物去做一些事情则更多是因为动力，或者是权衡利弊的结果，而不单单是被快乐所驱使。如果孩子经常被游戏的频繁奖励所刺激，那么在课堂这种相对平淡的环境里，他们就很难集中注意力。其实这也损害了儿童做事的内在动机。

所以这些研究人员呼吁，尽管有些游戏是教育性的，也许本身没有什么坏处，但是父母最好还是给孩子设立一定的时限。早一点儿建立时限，孩子以后会更自由。

在这个数字时代，我们不需要把任何电子产品或者节目都视为洪水猛兽，否则就走向另一个极端了。有研究表明，让3~6岁的孩子适当地看一些教育类的节目，有助于他们在小学阶段的学业进步。但是如果因为观看娱乐性节目，使得儿童的学习时间减少，和他人交往的时间减少，就不利于提升他们的学业表现了。

说到底还是“适当”两个字。这就需要父母谨慎而有效地利用多媒体，无论何时都不要忘记自己的孩子是几岁，发展特点是什么，适当选择，适度使用，让孩子从多样化的渠道学习，平衡发展。

谨慎有效地利用多媒体

在当今社会，要让婴幼儿完全和电视或者电子产品隔绝是不太可能的。我个人认为最重要的是，父母必须保证自己和孩子相处的时间。婴幼儿最主要、最有效的学习方式来自自身的感官和运动，来自和真人的互动，所以这部分时间必须保证。

有些父母认为，电子书的发音比他们标准，比自己教好，于是让电子书代替与父母互动，这将是得不偿失的。如何在电子产品与亲子互动之间找到平衡，我对父母们有如下的建议。

Tip1：控制看电视时间

两岁以下的孩子，尽量不要让他们看电视，如果实在要看，尽量控制在每天 15 分钟以内。2~3 岁的孩子，也以每天看 30 分钟以内为好。3 岁以上，和宝宝商量一个大家都能接受的时间。美国很多教育性的节目都比较好，像《爱探险的朵拉》《米奇妙妙屋》等，一般 30 分钟左右一集。我们可以和孩子商量，每天看一集。我通常会让孩子把一集看完，而不是硬性规定几分钟。

Tip2：选择合适的节目

对于 3 岁及以下的孩子，我们最好选择画面转换比较慢的节目。《小小爱因斯坦》介绍数字、介绍水这些节目，画面转换就比较慢。这样的节目，对孩子的注意力和逻辑理解，不会造成很大的负担。同时，选择一些没有情节的节目。比如，《邦尼和朋友们》，每一集都有一个主题，以唱歌和游戏为主，情节性不是很强。再比如，《托马斯和他的伙伴们》，画面上人都是静止的，只有火车是动态的，而且每一个故事非常短。变化缓慢的画面，简短的故事，对婴幼儿来说是比较合适的。

很多好的教育类节目也一直在针对儿童的发展特点做着调整。比如，新的《芝麻街》就放慢了节奏，让故事、台词更清楚，更容易被宝宝所理解和接受。

Tip3：和孩子一起看节目

孩子通常喜欢一遍一遍重复看一个节目。当孩子对一个节目熟悉了以后，我们可以用暂停键把节目停止下来，然后用手指着屏幕上的东西和孩子一起讲一讲。比如，《邦尼和朋友们》，有一集讲他们去动物园。当放到猫头鹰的时候，邦尼的朋友BJ说猫头鹰是这样叫的：喔！喔！我们可以在BJ讲话之前，按暂停键，跟孩子说："这个是什么动物啊？是不是猫头鹰？猫头鹰是怎么叫的？"等着看孩子会不会来回答。等5~10秒，孩子不回答也不要紧，按播放键，听BJ说话，然后妈妈说："噢，猫头鹰是这样叫的，喔，喔，我们来一起叫！"这样一起看电视，可以改变孩子一个人看节目的消极性，而促使孩子积极思考，和妈妈互动。

Tip4：把节目和阅读、生活联系起来

现在的节目，像《邦尼和朋友们》《托马斯和他的伙伴们》《花园宝宝》《芝麻街》等，都有相应的图书。我们可以把电视节目和相应的图书联系起来。在孩子看了节目，熟悉了这些人物和画面后，再给他们看对应的图书，会让孩子感到很亲切，从而感兴趣。这是培养孩子阅读兴趣的一个途径。并且，尽量把节目中学习到的和真实的生活联系起来。在看《小小爱因斯坦》介绍水的节目后，让孩子感受真实的水，比如玩水，看下雨，有条件的话带孩子去看海，等等。当孩子看了邦尼和朋友们去动物园，父母也可以带孩子去动物园。这样孩子就会把节目上看到的和真实的事物联系起来，加深印象和理解。

Tip5：多提供屏幕以外的活动机会

父母一方面要选择孩子观看的节目，并商量每次观看的时间；另一方面，要多给孩子提供看电视、玩iPad等以外的其他活动机会，比如玩亲子游戏、亲子阅读、户外活动、约其他小朋友一起玩等等。孩子在和父母、其他小朋友的互动中能够投入地游戏，从玩中学。

在孩子观看电视或者教育类节目时父母完全不管不顾，不利于婴幼儿的发展。美国的研究一致发现，贫困家

庭的儿童看电视非常多，因为他们缺乏其他方式的活动，比如社区不安全，不敢出去玩；或者父母没有时间，也没有钱让他们参加其他活动。他们通常是看娱乐类的节目，而且父母也没有精力管，所以看电视的时间每天都很长。由此造成的负面影响是身体肥胖、由于阅读时间减少导致的学业落后，以及因为和同龄人交往的时间减少，与人交往、情绪控制等能力得不到最佳发展。

有一位有心的爸爸看了这5条建议跟我说："我的做法基本遵循了这些建议。"他会把节目全部先看一遍，挑选适合宝宝观看的节目。根据对自己女儿的了解，认为有些节目会令她理解起来有一定难度，就先不看节目，而选择绘本等进行知识铺垫，等她有一定的理解了，才一起观看。每次看节目一定会陪她看，随时解释。看后，再结合绘本、实验等进行复习、讨论。还带女儿去水族馆、动物园等实地考察，增强切身体验。女儿在家里和爸爸一起看完科普读物和海洋纪录片，然后到水族馆对照真实动物观察。在水族馆认识了新的动物或观察到有趣的习性，回家再找相关书籍巩固拓展，乐此不疲。

我想，如果每个父母都像这位爸爸，不仅仅下了很多幕后功夫，而且在宝宝看节目的时候绝不缺席，并结合具体体验，有良好的互动、内在的学习动机以及有趣的方式，这样看节目才真正是利大于弊。

第 5 章

规则会破坏孩子的自由天性吗？

规则的制定和执行中，父母理解和尊重孩子的身心发展规律和个性特点，就不会压抑孩子的天性。从孩子的感受出发，用爱、理解来赢得孩子的合作。符合儿童天性的规则养成，才能让孩子懂得自由的边界。

一说到规则，可能很多父母会表示反感，因为在一心想让孩子拥有快乐、自由自在的童年的新时代父母那里，规则似乎等同于束缚、禁止、反抗。很多父母小时候被自己的父母压制，所以他们反感“规则”，向往“自由”“无拘无束”。当轮到他们自己教养孩子的时候，他们怀有对规则的成见，认为建立规则就是在压制孩子的天性，或者束缚孩子的个性，所以，很多父母在孩子小的时候，坚持不约束，不讲规则。上幼儿园的时候，他们说，“孩子还小，等孩子大了就懂事了”，而等孩子上了小学，要适应集体生活，要满足学业上的要求时，由于从小没有建立规则，行为问题渐渐显露，进而影响学业，他们才着了急。这种情况并不少见。

有个妈妈在网上问：“我希望给孩子美国式的教育，让孩子像小鸟一样在蓝天自由飞翔，愉快成长。因此，我从小尊重孩子，不过多约束孩子。结果，现在孩子已经上三年级了，一直很难适应小学的生活。开始时是上课不听、作业不做，后来迷上电脑。我很困惑，不知道哪里做错了？”

看起来“自由自在”的教养结果并不美妙。我们都知道这个世界上没有绝对的自由，作为一个社会人，我们需要遵循一定的社会规则。对孩子来说，也需要从小循序渐进地培养一定的规则意识。想必这个道理父母不难理解、能够接受。我们需要解决的问题是，怎样既要让孩子有自己的个性，又能遵循一定的规则。

当然，也有很多父母尝试建立规则，但是，令他们纠结的问题是，很难执行。很多爸爸妈妈或者祖辈都害怕孩子哭，宝宝不愿意坐汽车安全座椅，大哭大闹，有些父母很快就屈服了，不坐就不坐吧。可是这样对孩子真的好吗？为什么有心建立规则却无法执行呢？怎样才能让双方都心平气和呢？怎样让宝宝遵守一定的规则呢？

首先，我们要在意识层面改变一些观念，先来了解一下令父母们纠结的“规则”究竟意味着什么。

规则是“教养”而非“禁止”

很多父母一说起规则就会觉得立规矩就是禁止什么，不让孩子做什么。其实，对于 0~3 岁的婴幼儿来说，规则意味着建立有规律的生活和习惯。

规则让孩子养成生活规律和行为习惯

在孩子的生活中，规则的很大一部分内容其实是养成生活规律和行为习惯。他们在日常生活中观察、思考和学习，他们喜欢熟悉的生活程序，重复性的、有规律的生活让他们觉得有安全感，并有利于他们意识到这些习惯的存在，从而逐渐建立习惯。

我们家两个孩子，从小吃饭都是坐在自己的椅子上吃。他们一直是这么做的，也认为是理所当然的，所以不需要我去制定特别的规则——“吃饭时必须坐在自己的椅子上”。

有一年我们回国，当时大宝四岁，小宝两岁半，孩子们到了新环境，一些习惯就被打破了。小宝一开始吃饭坐不住，外公怕他饿着，拿着饭碗追着喂，于是小宝就养成了在外公家吃饭可以到处走、到处玩的习惯。后来外婆说这样不行，要纠正，然后跟小宝申明“吃饭必须坐在自己的椅子上”。那段时间我不在家，等我回家时，家里正上演“吃饭拉锯战”。这件事生动地表明，如果不一开始养成良好的习惯，等坏习惯形成再去制定规则，那么规则往往就意味着禁止，执行规则往往会引起反抗。

为孩子建立有规律的生活程序，让他们对生活的“规定动作”有所预见和期待，行为习惯养成了，孩子就不会觉得规则是一种禁止。

规则让孩子懂得安全的边界

3 岁前的规则应该是保护宝宝自身的安全，以不伤害他人和公物为界限。这一点要和“为了成人的方便而设立规则去限制孩子”区别开。比如，当宝宝会爬以后，就会到处自主地探索，我们要做的是尽量保证家里的环境安全，把容易让他们受伤的物品都收好，把桌角等包好，把电源插座盖住等，做好预防措施，让他们能够尽情去探索，而不是整天跟在孩子后面这个不许那个不许。如果父母自己不重新布置房间，而是为了自己的方便，总是禁止宝宝“翻箱倒柜”，那么这样的“规则”就会压制他们探索的欲望，禁锢他们的天性。

什么是安全规则呢？

比如在停车场的规则。刚学会走路的宝宝，抱下车后，他们会情不自禁地到处跑。我们要事先讲清楚，在停车场一定不能乱跑，因为坐在车里的司机不一定能看到小孩子，如果乱跑就很容易出事故。那么宝宝可以怎么做呢？他们可以抓住大人的手，也可以自己选择抓住大人的衣服或者包。有个妈妈想出一个游戏，下车以后看谁先把手放在车门上，引导宝宝下车后主动靠近自家车门，宝宝自然就不会乱跑了。

再比如在游乐场所的规则。要告诉孩子，别的小朋友在玩秋千，你不能一下子把小朋友揪下来，你揪小朋友下来就有可能伤害到他；而且在别人玩秋千的时候走过去，自己也很容易被秋千撞到，很危险。告诉宝宝玩秋千的规则：你可以等一下，或者礼貌地问“什么时候可以轮到我”，或者先去玩别的。

父母不仅要解释规则，还要为他们提供一些解决方法，让他们自己去选择和决定，发挥他们的主动性。

说到这里，就能清楚地看到，我们制定规则并不是为了限制孩子，也不是说我们要站在孩子的对立面去管理孩子。相反，我们制定必要的规则，是为了引导孩子建立良好的行为规范，学习人际互动以及保护自己和他人的安全。

其实规则很大程度上是“教养”而非“禁止”。

我们小区夏天开派对，小朋友们一起玩得很高兴。一个和大宝一样大的孩子过来跟我说：“我想邀请大宝到我家玩一会儿。我家是 × 号。我哥哥会陪我们过去，等一下再陪我们回来。”他哥哥是个中学生，跟在后面，跟我说：“别担心，我会保证他们的安全。”其实我家到他家不过数百米，小区里的小路基本没什么车，即使有车也开得很慢。这些孩子因为从小有安全规则的教养，所以知道小于 12 岁的孩子不能单独走在路上，特意叫哥哥护送。哥哥也很耐心，并特意跟我打招呼。这都归功于从小建立的规则的影响。

规则让孩子学习社会规则

幼儿园的小朋友过上了集体生活，势必会学习一定的社会规则。有了一定规则意识的孩子进入小学，会避免一些问题。因为小学阶段，对孩子的行为要求、学业要求都比幼儿园的时候要高。如果孩子进入小学阶段丝毫没有规则意识，会适应困难。

有个妈妈在网上说：“我家孩子刚上一年级，上课的时候喜欢在教室里走动，总是被老师批评。怎么办？我觉得孩子还小，他就是坐不住，老师不应该批评他，这样做压抑了我孩子的天性。”这个妈妈的视角完全放在自己孩子身上，认为让孩子遵守纪律就是压抑天性。没有完全自由的世界，你的孩子有上课随意走动的自由，其他同学有认真听课的自由。如果老师不管自由走动的孩子，那么多数人认真听课的自由就被剥夺了。这个妈妈应该改变视角，跟老师一起商量，看怎么帮助孩子上课坐得住才是正道。

老师和父母应该理解孩子的天性，也就是他的发展特点。五六岁的孩子，确实自控力比较差，有时候坐不太住。这不是孩子的错，不要批评他，而要帮助他，可以用一些手势和道具具体地帮助他。

美国的老师有时候会让孩子手里拿着一张画着耳朵的图片，孩子一看到图片或者感觉到手上的图片，就知道“哦，要认真听”。有时候老师和同学们商量好一个特定的手势，如果需要他们安静，老师就做这个手势提醒他们。正因为他们小，所以我们想各种办法来提示他们，慢慢他们习惯了就好了。这样才能尊重儿童的身心特点，执行规则也就不会伤害他们。相反，如果对他们上课坐不住的行为听之任之，不加约束，或者实施高压政策，严厉批评，就会伤害他们。

规则让孩子建立学习习惯

学龄儿童不仅仅需要学习群体规则、人际规则，还需要养成学习习惯。

很多人对美国的课堂心生向往，以为美国的小学生无拘无束。其实，就像我说的，美国小学生的思想可以无拘无束，思想的表达可以无拘无束，行为上却有很多约束。他们教室的墙上贴了各种情绪的图片，帮助他们认识自己的情绪，合适地表达情绪。他们有专门的行为指导课，老师用木偶表演的方式演示给他们看，不同的情形应该怎么做比较合适。

他们每个星期都会将行为成绩单和学习习惯成绩单拿回家。学习习惯如果有以下问题就要扣分。

（1）做作业时不听从指令。

（2）不认真做作业/不合理使用时间。

（3）作业不整洁。

（4）在一个任务过渡到另一个任务时不专心或干扰别人。

（5）没有保管好个人或学校物品。

老师一般会使用卡片的方式。如果一天行为良好，绿卡；如果有一次违规，黄卡；两次违规，橘色卡，孩子要被取消部分课间休息时间，并将行为通知表带回家给父母签字；多次违规，红卡，取消课间休息时间，并将行为通知表带回家给父母签字；最严重的是黑卡，不仅取消课间休息时间，将行为通知表带回家，老师还要打电话给父母，让父母去见校长。所以，美国孩子在行为上并不是无拘无束的，相反，要求还是非常多的。小学阶段养成良好的学习习惯，到高年级才会实现自己管理时间和有效学习。

制定规则没有错，“上课不能乱走”这种规则也没有错，关键是要理解和尊重孩子的特点。孩子的理解能力、思维能力、执行能力都远远不成熟，这是我们必须面对的现实。既然了解了制定规则的重要性，那么我们接下来探讨一个很多父母关心的实践性问题，即在规则的制定和执行中如何保护孩子的个性。

遵循孩子身心发展规律和特点的规则不会压抑天性

破除规则与自由个性的对立关系，归根到底需要认清两个关键问题。第一，我们建立的规则是否遵循了孩子发展的规律；第二，我们在执行规则的过程中，是否尊重了孩子的身心特点。如果做到这两点，规则就不会压制孩子的天性，而父母也不需要为此感到内疚。而这两点在实践中如何操作呢？我认为应该遵循以下几项原则。

鼓励孩子思想自由

只要规则符合儿童发展规律，并不会压制他们的天性。我经常去大宝小宝的学校做义工，教室外面的墙壁上常常会贴孩子们的课堂作业，有写的文章、做的手工、画的画等。我看的时候常常会笑出声来，因为我看到的是个性鲜活的个体，他们有不同的个性和兴趣，他们可以自由自在地表达他们的所想所感。美国的幼儿教育尊重儿童身心发展的规律，尊重他们都是独特的个体，所以孩子可以自己思考，自由表达想法。

然而美国的幼儿园也好，小学也好，对孩子的行为是有一定限制的。上课的时候虽然鼓励你表达自己的想法，但是不能随口说，要举手示意老师。他们的个性和想象力并没有因为对行为的规范而遭到破坏，因为没有人会限制或者嘲笑他们的想法。大宝学习写说服别人的文章时，正逢圣诞节。孩子们阅读了圣诞老人和驯鹿的故事，老师让他们想一想：你想不想当鲁道夫（这是一只红鼻子的驯鹿，它负责引路）？写一篇说服圣诞老人的文章。作业后来贴在教室外面的墙上。有孩子要当，有的却不愿意，当然他们都讲述了理由，各种各样，有的甚至稀奇古怪。我非常佩服孩子们的想象力。

不制定做不到的规则

规则不会压制孩子的个性，前提是这些规则阐述得非常清楚，并且是这个年龄的孩子能够做到的。

比如，在幼儿园有老师讲故事的时间，那么，规则是“老师讲话的时候不能打扰，别人说话的时候也不要打断，要说话的时候请举手”。这样的规则界定清楚了听故事的时候不能做的事情，但是别的事情都是允许的。你可以坐着听，也可以趴着听，只要不打断别人说话，这是礼仪。不打断别人说话是 5 岁的孩子可以做到的。如果要求 5 岁的孩子整节课端正地坐着，那可能就做不到了。如果要求孩子做他们做不到的事情，往往会挫伤他们的积极性。如果老师再严厉一些，更打击他们的积极性。一方面他们没有办法遵守这么高的要求，另一方面还要承受来自老师，甚至父母的批评，他们的心情可想而知。这样会导致陷入恶性循环，行为问题越来越多。

只制定具体的规则

对孩子有合理的期望，记住他们是几岁的孩子，他们的理解能力、控制能力都有限。所以即使在有了规则的情况下，也需要我们耐心地提醒。因为规则和习惯需要一定时间去养成，它们不是魔法棒。不是说，今天我告诉你这些是规则，从今往后你必须遵守，做不到就要训斥或者惩罚。这样对孩子不公平，会压制他们的天性。我们作为成人，应该站在孩子的角度，理解他们，知道他们需要不断提醒，而不是像机器人一样，一旦输入规则程序，就能毫无差错地执行。

小宝刚上幼儿园的时候，我陪了一个星期，每天在他们的教室里观察一个小时。那是两岁小班，有个孩子也是新入学，喜欢推人，用玩具砸人。老师每次注意到这种情况，就耐心地抱住他，说：“我们要友好地对待他人，触摸别人要友好、轻柔，不能推人，不能打人。玩具是用来玩的，不能砸到别人身上。”每次看到，老师都这么说，还示范什么样的接触是友好的。过了几天，我确实发现这个孩子的不良行为减少了。在这里，老师制定的规则是孩子能做到的，并且老师具体解释和示范了“友好”这样的规则，很有耐心地慢慢培养孩子的良好习惯。

所以说，具体的、尊重儿童身心发展的规则并不会压制儿童的天性。

规则越具体越好

规则越具体越好。家里也好，学校也好，父母和老师要对规则详细地解释。

比如和同学合作，做作业或者游戏的时候不孤立同学等，就是非常具体的行为规则，而不是“爱同学，团结同学”这样的抽象规则。只有详细的、具体的规则，孩子才能理解，才能执行。

“勤奋学习”是一个很抽象的规则，而“做作业的时候不要离开自己的位置，不要干扰别人，做完以后及时交给老师”这样的规则就比较容易理解和执行。“遵守纪律”是一个很笼统而模糊的规则，而“请在独立学习的时间做到不在教室里乱逛、不和别人讲话、不玩”这样的规则可以让孩子知道什么不能做。

用孩子理解和接受的方式解决问题

在家里，爸爸妈妈和宝宝朝夕相处，如何执行规则，也是父母常常纠结的一件事。核心的问题大概是：怎么做才能既坚持执行原则又不简单粗暴。

很多育儿书都提到的一个原则是："温柔而坚持"。这看起来很容易，于是，很多爸爸妈妈都从字面上理解：温柔嘛，就是对孩子语气温和，态度温和，不打不骂；坚持嘛，就是对孩子寸土不让，规则就是规则。结果出现了一种情况，温柔而坚持成了表面形式，实质依然是父母说了算，不能从理解儿童的角度去处理。

一位妈妈带两岁的宝宝去有同龄小伙伴的朋友家玩，到了离开的时候，宝宝因特别喜欢一辆玩具车，一定要带走。朋友说，没关系的，不就是一辆小车吗？拿走玩吧。妈妈却认为，不能养成从朋友家把喜欢的玩具带走这种习惯。妈妈叫宝宝把玩具车还给小伙伴，宝宝当然不依，哭闹起来。妈妈使用"温柔而坚持"的原则，很温柔地说："宝宝，这个东西不是我们的，我们要还给别人。"宝宝只顾哭闹，尖叫，而妈妈，一直很温柔地说着类似的话。宝宝哭闹了一段时间终于累了，于是松手，妈妈成功地把玩具车还给了朋友。

有些父母认为，这样做很好，不打不骂不暴力，也没让宝宝破坏规则。有些父母却认为，这是软暴力，因为在这个过程中，虽然妈妈没有用粗暴的语言或者行为，但她没有关心宝宝的感受，没有用更合适的办法解决这个问题，而是和孩子僵持，最后凭自己的体力和意志达到了自己的目的。

确实，很多父母出于对“温柔而坚持”表面上的理解去执行，把这一原则演变成了软暴力尚不自知。“温柔而坚持”的基础是和孩子的感情连接、对孩子的理解。其实这件事情，我们完全可以接纳孩子的感受并且用游戏的方式来解决。比如说，“我知道你喜欢这个车子，想回家了也能玩，对不对？可是这里是它的家，你看，爸爸车和妈妈车都在这里，你让它孤零零一个人离开，它会很伤心的哦。我们把它送回爸爸妈妈身边好不好？”很多时候没有必要和孩子僵持，温柔的僵持依然是僵持。父母需要做的是理解宝宝，以他们能够理解和接受的方式解决问题。

所以，我理解的温柔，不是说语气、表情温和，而是从孩子的感受出发，用爱、理解来赢得孩子的合作；所谓坚持，不是寸土不让，而是守住底线，不能越界，底线之内可以灵活。

当我们了解了规则的意义以及执行规则的原则之后，相信最初那个关于规则与自由个性相矛盾的疑问会在父母们的头脑中渐渐消解，并且得出自己的答案。每一个孩子都有自己的个性和特点，合理而科学的规则不仅不会抹杀他们的天性，还会让他们更健康地成长，并且在今后漫长的一生中获益良多。

执行规则，首先要建立良好的亲子关系

执行规则，首先要建立良好的亲子关系。孩子往往愿意听从他们信任、爱戴的大人的话。良好的亲子关系，并不是说对孩子百依百顺，那不是尊重孩子，而是溺爱和放纵。尊重孩子，意味着尊重他们的想法和感受，并鼓励他们表达，同时以同理心，也就是感同身受地去理解孩子，而不要从成人的角度，站在孩子的对立面去纠正他们。

Tip 1：理解孩子，避免火药味

一位妈妈讲了个自己的故事。她有封紧急的邮件要发，而当她拿出笔记本电脑时，她的宝宝却在键盘上指指戳戳。妈妈急着要干活，而宝宝呢，对笔记本电脑很感兴趣。妈妈问："你想工作是吗？"宝宝点点头。妈妈提出建议："那我们是不是要按顺序来呢？我先工作，然后轮到你，好吗？"宝宝往后退了一步说："我排队。"妈妈很快发完邮件，轮到宝宝了，她认真地"工作"着，"工作"完有模有样地合上电脑说："吃饭！"事情顺利解决了。

这是个双赢的例子，妈妈尊重宝宝的好奇心，用理解来赢得她的合作。当然有人可能会担心，让她玩万一她不撒手一直玩下去呢？所以我们要学的不仅仅是这个例子表面的东西，而是幕后的功夫。良好的亲子关系和沟通，在这个例子中就是让孩子知道笔记本是工作的工具，而不是

玩具。这不是一朝一夕就能做到的，而是在生活中逐步引导的。

如果一开始妈妈只是着急，简单地告诉孩子不能摸，而孩子又很想摸，然后在制止的过程中孩子哭闹起来，妈妈自然觉得孩子不听话，按照这样的思路发展下去，妈妈便和孩子对立起来，也不能很好地解决问题。

执行规则的过程，不该充满火药味，而应该贯穿着爱和理解，贯穿着对孩子的适当满足和引导。

有一天早上，小宝起床以后在走廊上飞奔。可能是头天晚上看了关于血管、血细胞的书，他说："妈妈，我是红细胞，我现在在血管里流动。你要当什么细胞？"我当时特别想说，咱们别玩了，赶紧刷牙洗脸，还要上学呢！不过我看他玩得很投入，如果阻止他，他肯定不高兴，刷牙洗脸就肯定不能好好合作。于是我灵机一动，顺着他的思路说："我现在是白细胞，白细胞已经刷了牙，洗了脸，等着红细胞来刷牙洗脸呢。"他一听，赶紧就过来刷牙洗脸了。那天早上，我顺顺利利地把"红细胞"同学送上了校车。所以说，很多时候我们应该尽量去理解孩子，被理解的孩子往往容易合作，这也有利于良好的亲子关系的建立，这两者可以互相促进。

Tip 2：坚持的是底线，灵活的是方式

很多父母常常希望制定一条规则，然后就立竿见影，

孩子马上遵守。可实际上，孩子的理解能力、思维能力和自控能力都欠成熟，需要一定的时间去消化。父母要做的，是通过多种方式帮助他们遵守。

牙医建议父母在孩子刷牙后给他们用牙线，我们可以比较以下两种做法。

一种做法是，父母一开始就要求孩子：刷了牙以后必须用牙线，这是规则。然后每次刷完牙就给孩子用牙线，不管孩子乐意不乐意，坚决执行，因为“这是为了你好”！

另一种做法，是我用过的，我理解孩子们需要一定的时间来形成习惯。他们一开始不喜欢用牙线，于是我和孩子们每天晚上玩“去看牙医”的游戏，我扮牙医，他们扮看牙医的病人，让我给他们用牙线。玩了好几个月，孩子们的习惯养成了，后来慢慢就不需要玩游戏了，他们自己会要求：“妈妈，该用牙线了。”

另外，给孩子一定的选择也是一个不错的办法。

在美国，小孩子坐车必须坐在儿童安全座椅里。这是个基本的安全原则，不管孩子乐不乐意，一定要坐。如果孩子不乐意坐，而父母强行把他们绑好，他们可能会哭一阵，搞得大家心情都不好。我们可以换一种做法，给他们一些选择：“现在我们要开车了，请在安全座椅上坐好。你可以选是妈妈给你绑安全带，还是爸爸给你绑安全带。”等稍微大一些，还可以让他们自己绑，能够自己绑安全带是孩子们引以为豪的事。或者还可以说，“你可以选择，让妈妈先绑上面的安全带，还是先绑下面的安全带”。爸爸妈妈还可以想别的办法。总之，给他们一定的决定权，让他们觉得自己的意愿能够被父母倾听并满足，他们就愿意遵守规则。

底线要坚持，这个底线是刷牙后必须用牙线，是坐车必须坐安全座椅，绑好安全带。但是，坚持的方式可以是多样的，是死板地、粗暴地坚持，还是灵活地、用游戏的方式坚持，其中体现了我们做父母的“艺术”。

Tip3：启发孩子思考，从内心认同规则

我们希望孩子有良好的行为规范，但我们的目的不是培养顺从的孩子。如果孩子一味顺从，而内心并不认可规则，那么这样的孩子一旦不顺从，就会变得很叛逆。所以我们要用孩子能理解的语言解释规则，并激发他们自己思考，“为什么我要这么做”，让孩子在思考中认同和执行规则。

遇到孩子抢玩具，如果我们说：“要友爱地和别人一起玩！不能抢玩具！”孩子可能不知道怎么做。可以换一种具体的说法：“如果你想玩别人的玩具，你可以有礼貌地问别人，我可不可以玩你的玩具，然后要等别人给你；或者用你的玩具和别人交换，看别人愿不愿意。”这样的建议就很具体地教孩子应该怎么说话、怎么做，孩子也容易理解和执行。

还有很多父母不想让孩子吃过多的零食，那么是不是只要从一开始就规定一天只能吃两块饼干、两颗糖，就解决问题了？

要解决这个问题，应该从多方入手。小孩子以具体思维为主，所以我们就多用些具体的办法，让他们容易理解和接受。我向孩子介绍健康饮食的概念，给他看健康饮食的金字塔图，让他直观地看到，一天当中，人体需要多少米饭、面包、肉类、蔬菜和水果等。饼干、糖果在金字塔顶上，只需一点点。(过去三年，美国小学使用健康的“盘子”，即圆形图来代替金字塔图，传递的健康概念仍是相似的。)有了这样的概念和图表，跟孩子讲道理就比较容易：“糖果在金字塔尖上，只能吃一点儿哦。”孩子想起这个图，就比较能接受。

孩子的逻辑思维能力不强，这是他们的特点。对孩子说“好好玩”“好好吃饭”，孩子没办法执行，对孩子说“照我说的做”“听妈妈的话”也只会让他们糊里糊涂地顺从。

Tip 4：偶尔让步，让孩子感受爱与界限

规则定好了，是不是从今往后，就天天严格地按照这个规则执行呢？这里往往有两个极端。一个是父母架不住孩子的要求或者哭闹，无限让步，从而让孩子掌握了控制权。孩子从中学到的是：只要我哭闹，我想怎么做就怎么

做。另一个是父母非常严格，一年365天都必须这么做，父母完全掌握了控制权。孩子从中学到的是：不管怎么样，我都对自己的生活没有决定权，我对自己的生活不需要负责。

最理想的是，父母灵活执行规则，根据情况，尊重孩子的感受，给孩子一定的选择权。在给孩子选择权的时候，父母对当前的情况做出说明并对他提出可行的要求。

在一次婚宴上，有个叔叔逗小男孩跟他“干杯”，顺手递给孩子一罐可乐。妈妈赶快阻拦，说可乐没营养，喝杏仁露吧！孩子坚持要喝，被妈妈一把夺走。孩子不干，妈妈面无表情地说不能由小孩乱来，啪地把杏仁露打开，倒一杯放到孩子面前说：“听话，喝这个。”这样做，是不是严格执行规则？

我们姑且不讨论这个叔叔的做法是否合适，只讨论妈妈应该如何应对。这个妈妈就属于365天不分场合、不分时间严格执行规则的父母，孩子都没有机会陈述自己的意见。这样容易造成，在没有妈妈监督时，孩子可能会尽情地喝个够。我有个朋友严格限制女儿吃糖，结果万圣节过后的一天，她发现女儿在枕头底下藏了好多万圣节要来的巧克力。

当然也有父母担心：我今天破了这个例，孩子会不会上瘾？以后他会不会不再遵守规则？我的体会是，如果尊重孩子的想法，给他一定的决定权，并且对他有适当的要求，这些顾虑都没有必要。

首先是前期工作。这个妈妈有没有坚持给孩子介绍健康饮食的概念？如果这个孩子像我家的孩子，经常受到妈妈有关食物金字塔的“洗脑”，当妈妈问他是否想喝点儿时，也许孩子自己会说：可乐不是健康饮品，我不喝。问题就解决了。如果孩子答想喝，那么，妈妈要尊重他的想法，但要讲清楚：“可乐不是健康的饮品，里面有很多糖分，糖分在金字塔顶端，我们的身体只需要一点点就可以了。我们本来不能喝，不过今天是很特别的日子，阿姨结婚，我们能喝一点点。妈妈给你倒一点儿，你喝几口，好吗？”孩子表达了自己的想法，妈妈也尊重他的想法，并说明了理由和要求，这样孩子往往能够接受妈妈的要求。

倾听孩子的想法，理解他的感受，并且偶尔满足他的一些小要求，孩子能感受到妈妈的爱和界限，当他的一些要求不被满足时也能通情达理。如果我们365天严格执行规则，从不例外，丝毫不理会孩子的想法，那么孩子可能会觉得，妈妈总是不满足他的要求，这样他的情绪和父母是对立的，即使遵守了规则也不能内化，容易叛逆。

Tip 5：避免不规律的生活和规则的随意性

照顾孩子，给他们有规律的生活，他们才有安全感，生活的运转也才能顺利。如果父母给孩子的生活是随意的，吃饭没有规律，睡觉没有规律，那么这种不规律的作息往往影响孩子的心情，导致有时候不愿配合，就会发生父母觉得该吃饭的时候孩子拒绝吃饭，父母觉得该睡觉的时候孩子不睡觉的情况。如果规则只是父母为了自己的方便和感受，想一出是一出，那么家里可能就变成随时随地都有“新规则”。这样制定的规则没有尊重孩子的发展规律和特点，孩子自然也无法接受。

规则不能有随意性。我们都认同打人是不可以的，这样的规则是根据事情的性质来建立的，而不是说父母能容忍就可以，父母不能容忍的时候就不可以。现实生活中，有时候宝宝打妈妈的脸，赶上妈妈心情好，就容忍，说不定还夸他打得好；赶上心情不好就制止，说不定还会打回去。这样，孩子就很难判断，“这件事情我到底可不可以去做”。所以父母在制定规则时，要注意根据事情的性质，而不是事情的严重程度来决定。别因为父母的随意性，让孩子无法理解自己行为的界限，无法理解规则的界限。

执行规则是一个系统工程，需要父母整合一些方法和技巧，融会贯通，但要做到，不容易。

从一开始，我们就要告诉孩子，我们不是你的对立面，我们和你在一起，理解你，帮助你，引导你，逐步让你能够为自己的行为负责，为自己的生活负责。只有这样，规则才有意义。

第 6 章

我的孩子为什么脾气那么大？

儿童的情绪认知和表达都处于初级阶段，不知道如何恰当地表达和管理情绪。父母需要观察、理解孩子，找到情绪背后的原因，才能帮助孩子解决问题，逐步让孩子学会合适地表达情绪，不要把孩子的情绪表达和性格联系起来。

很多爸爸妈妈说：孩子心情好的时候跟天使一样，真是可爱；但是当他有情绪、发脾气的时候，我却不知如何是好。有时候我去跟他好好讲道理，却劝不了；我来硬的话又压不住。遇到这种情况爸爸妈妈们非常头疼，不知道该怎么办。

我们养孩子的时候会经历孩子各种各样的情绪，这是不可避免的。我们往往会享受宝宝的开心时刻，却应对不了他们的愤怒或沮丧，或者想像灭火一样赶紧把他们的负面情绪扑灭。下面先来讲一讲一些父母对孩子负面情绪的认识误区。

父母不要再误解孩子的负面情绪了

误区一：认为孩子负面情绪的表达就是坏性格。

很多父母跟我描述幼儿的时候说，“我的宝宝3岁了，他脾气很急”或者“他脾气很大，没法劝”。父母认为孩子发脾气就是坏性格。

误区二：认为孩子负面情绪的表达是做父母的失败。

他们认为哭不是一件好事，孩子哭就是表现不好、不乖。有时候夫妻因此吵架，互相指责：“你看孩子有这个问题，那个问题，是不是你看的育儿书不对？是不是你的方法有问题？”

误区三：认为孩子负面情绪的表达是对自己的挑战。

很多父母写私信给我，说孩子才两三岁就知道和他们作对啦！不能做的事情他就故意怎样怎样。他们把孩子的负面情绪看作是故意挑战。如果基于这样的认识，我们跟孩子的互动就无法恰如其分。因为我们已经站到了孩子的对立面，赋予了孩子的负面情绪太多原本不属于它本身的东西。

误区四：希望我的孩子幸福快乐，时时刻刻都快乐。

这是我在微博上经常看到的。其实我也很理解这样的心情，我自己也是两个孩子的妈妈，希望把最好的一切给孩子，希望他们快乐幸福。父母都这样，问题是，希望孩子时时刻刻快乐并不现实。在成长的过程中，他们必然会遭遇一些让他们不快乐的情形。比如说在学校里挨老师批评了，或者和同学闹小矛盾了。所以我们要学会抓住这些不快乐的机会，帮助孩子认识和排解情绪。

误区五：父母过度保护孩子，千方百计取悦孩子。

现在很多父母都舍不得孩子难过，千方百计取悦孩子，那他就没有机会学习处理各种情绪了。美国小学有足球队、棒球队、篮球队，输赢是兵家常事。如果比赛输了，父母就安慰孩子说，“没事，下次努力一定能赢，走吧，我们去动物园玩”，那他就来不及体验失败的情绪，来不及思考总结下一步该做什么来达到目标，因为注意力很快被父母转移了。对于孩子来说，没有自己的思考，他学习处理自己情绪的机会就丧失了。

这些误区导致了当孩子出现负面情绪的时候，父母没有应对的办法。

父母没有认识到，情绪是一种客观存在，不会因为你不喜欢它就消失了；情绪还是一种主观体验，我们只能体验它，疏导它，而不可能想把它压制住就能压制住。

父母必须要明白，儿童对情绪的认知、表达、疏导等都还在发展的初步阶段。成人能够很清楚地分辨不同的情绪：我现在感到压力很大，我现在很生气，我现在很有挫折感。而婴幼儿往往不能清楚地分辨，只是笼统地感到“这让我很不高兴”。孩子也往往会用直接的行为把情绪表达出来，比如，大喊大叫，摔东西，发脾气等，他们还不清楚应该怎么以恰当的方式表达情绪，以合适的方式调节情绪。

作为父母和老师，我们要特别注意观察孩子，通过孩子的行为、语言、表情等线索去准确判断孩子的情绪，只有这样，才会搞清楚孩子的行为和情绪背后的原因，才能帮助孩子真正解决问题。不要动不动把孩子的情绪表达和性格、动机挂钩，觉得他们是故意捣乱。

既然了解了这些误区，相信父母们对孩子的负面情绪有了更加理性的认识，那么如何化解孩子的负面情绪呢？在此之前我们首先需要确立一个观念性的问题，就是在应对孩子负面情绪的过程中，是更应该关心情绪呢，还是更应该注重纠正行为呢？

解决问题要先解决情绪

父母要观察孩子的情绪，而不只是去纠正行为。很多父母只看到行为，觉得大喊大叫或者摔东西等行为不好，必须要纠正，而没有看到这些行为背后的情绪，效果往往不好，这是一个恶性循环。我经常说，解决问题要先解决情绪。

父母和孩子的互动很重要。如果父母的认识不对，他们和孩子的互动就会偏离方向，产生一些不必要的问题。如果周围的人，比如父母和老师，能够引导孩子认识自己的情绪，“我现在很伤心”，“我现在因为完成这个任务很困难而感到受挫”，并且让他们感受到自己的情绪能被父母和老师所接受，从而进一步认识到，“我在这样的情形下，有这样的感受是正常的”，“人们在这样的情形下往往都会有这样的感受”，那孩子就能接受自己的情绪，逐渐平静下来，并且逐步学会用更合适的方式来表达或者疏导自己的情绪。

如果父母和老师对孩子的情绪不重视，他们就会觉得很困惑：“现在这种感受让我很难过，我不知道怎么办”，而且他们可能会用更激烈的方式来表达，以达到引起父母或者老师关注的目的。如果父母只注意到孩子的行为，而不理解行为背后的情绪，往往会训斥孩子：你这个孩子怎么这么不懂事，你怎么能摔东西？什么大不了的事情，不要再吵了！这样做的后果是，孩子不能认识自己的情绪，也不能接受自己的情绪，认为自己的情绪是不合适的、错误的。

当然还有另外一种情况，父母接受孩子任何情绪表达的方式，对情绪表达的行为不加任何约束，不引导孩子解决问题，总的来说，就是消极地接受孩子的任何情绪表达。这样的后果是，这些孩子无法学会合适地表达自己的情绪。当他们进入幼儿园等有社会规则的地方，往往会出现一些行为问题。

总的来说，如果父母只是注重行为，而忽视情绪表达本身的话，对孩子的成长将产生很不利的影响。所以必须先找到和孩子在情感上的连接，才能顺利解决行为问题。其实有时候孩子表现出来“犟”，多数是因为他们的情绪没有转过弯。如果我们通过认同情绪，让他们的情绪转过弯来，事情就好办了。

举一个发生在我家的例子。

大宝小宝在一起做作业，小宝叫大宝给他拿支铅笔。大宝说："就在桌上，你自己拿好了。"小宝说："你给我拿，我要你给我拿。"大宝说："可是你自己能拿得到呀。"小宝说："你快点儿给我拿，你不给我拿，我要挠你痒痒了！我不是开玩笑的哦！"大宝说："我不要给你拿，你自己拿得到，你自己拿嘛！"小宝语气明显变得激烈："你老是支使我，你都支使我好多次了，现在我要支使你！"其实他自己是跟屁虫，经常大宝一说什么，他就屁颠屁颠地跟去了。

大宝当然不愿意被他支使，两个人你来我往了好几个回合。小宝因为情绪激烈，爸爸终于忍不住去干预，"小宝，你让别人给你做事，需要有礼貌地让别人帮你，你的魔法词呢？"（魔法词指的是"请"。）大宝见竿就爬："小宝，你需要用魔法词。你好好说，我就给你拿！"小宝这一口气憋得哟！他大声说："你总是支使我，太不公平了！所以我现在要支使你啊！"

爸爸觉得他不应该这么嚷嚷。我小声跟爸爸说："其实小宝就是一口恶气没出，他情绪转不过来，说什么都没用的，就僵持住了。"

我轻声说："小宝，来，到妈妈这里来，过来！"

小宝边哭边走过来，我抱他坐到我腿上，摸着他的背。

他还在大声申辩呢："他以前支使我！我现在也要支使他！"

"嗯，他以前支使你，这样很不对。你觉得很不公平，对不对啊？"

他点头，抱住我的脖子，把头搁在我的肩膀上，渐渐平静了下来。我接着说："妈妈理解你，他以前支使你，你现在只是想支使回来，对不对啊？”他点头。

“妈妈想给你个建议，你想听吗？”他点头，把眼泪擦干了（其实我本来想，如果他还平静不下来，就让他在我肩上再哭一会儿）。“以前大宝支使你，他这样做不对呀。以后如果他再支使你呢，你就跟他说，不要支使我，我不喜欢你支使我！或者你干脆不理他，不要让他支使你。这样好吗？”他点头。

我鼓励他：“你说说看。”小宝把这几句话说了一遍。我对他说：“说得很好。小宝，支使别人很不礼貌，对不对？如果你想让别人对你好，你也要对别人好，对不对？”

他的情绪已经完全平复下来。其实这个道理他不是不懂，从小，家里、幼儿园里都是这么说的。但是当时的情形下，他无法平静，因为他有他的逻辑，而且他的情绪已经影响了他的判断。如果不解决情绪，就无法解决冲突。通过对情绪的认同，当情绪平静下来，只要提醒一下，他就能接受。

果然，他平静地回书桌那里，客客气气地叫大宝给他拿笔。大宝也遵守诺言，把笔拿给他。

通过对孩子情绪转换原因的深层理解，问题就这样并不费力地解决了。

由此，相信父母们已经了解了关心情绪的重要性，那么接下来我们就进入一个实践性的环节，即如何引导孩子的情绪。

情绪引导也是有步骤的

情绪引导大致的步骤，我总结为四步。

下面每一步我都会详细地讲解，但是我想指出来的是，养孩子不是做实验，不是按着书上的步骤一步步来就行了。在真实的生活里，在特定的情形下，父母要对各种情况很快做出判断，做出合适的反应。这个时候，你不一定要遵从这些步骤，可以把这个步骤打乱。父母第一需要观察能力，第二需要整合能力，这样才能灵活运用。

第一步：帮助孩子认识情绪

父母要帮助孩子定义情绪，比如说，“你脸红、挥拳头，这是生气了”，帮助小朋友慢慢了解自己这种情绪是生气，慢慢帮助孩子学习用语言表达情绪，或者用合适的行为来表达。

除了在生活中经常和他们定义情绪，给情绪贴标签，我们还可以和他们看一些介绍情绪的绘本。小朋友适合直观的学习，看绘本的时候他会认识到，哦，遇到这个情况，是这个情绪，你看这个图上的小朋友是这样的表情啊，后来他情绪好了，不生气了，这中间发生了什么，他是怎么排解掉的……通过这样的方式，孩子就能够学习和认识情绪。

3 岁以上的孩子可以自如使用语言了，我们可以逐步鼓励孩子用语言描述自己的感受。当孩子感受到某种情绪的时候，他的感受可能是模糊的。当我们帮助他用语言描述的时候，他会明白，原来这个感受是有定义的。这样他就知道情绪是有边界的，是可以控制、处理的，是生活的一部分。用语言去表述情绪，可以比较快地帮助孩子从不安的状况中恢复平静。

我的孩子 3~5 岁时，我们准备了一个本子，让孩子把当天印象深刻的开心或不开心的事情记录下来，可以我写，也可以他们写，还可以画。我们会回顾发生了什么事情，问孩子当时的感受是怎样的，分析那是怎样的情绪，后来有没有感觉好了点儿，为什么，或者我们是怎么做的。这个过程中，我们只是记录，对孩子的情绪和感受不做评判。

刚开始学游泳的时候，大宝不敢把头扎到水里，看到弟弟把头扎到水里还很不高兴。回家我们就写日记，引导他说出自己的感受：有点儿害怕，有点儿受挫折，看到弟弟会了可能还有点儿羡慕和嫉妒。我只鼓励他说出感受，并不评论这样的感受对不对，或者直接告诉他不应该有这样的想法。

大宝说出来以后我能感觉他的心情好多了，而且我抱着他认同他的感受，说："是啊，妈妈能理解，妈妈小时候刚开始学游泳的时候，也很害怕呢。还有，妈妈小时候学骑车，学了很久还不会，很受挫折，都哭啦。后来不断练习，终于学会了。"当他终于突破自己把头扎进水里后，我们也写日记，他当然觉得高兴、激动和受鼓舞。所以说正面情绪、负面情绪都要让他们去体验、去感受，并用合适的方式表达出来。

经历了这些过程，以后的日子里，如果碰到类似的情景，我们会回顾成功的经验，这对他们的帮助很大。因为他们了解自己的情绪，也知道有这些情绪并不糟糕，因为这些情绪不是一直持续下去的，而是可以改变的，关键是怎么对待这些情绪。

引导他们的思路从消极情绪转移到怎么解决问题这个积极思考的过程，对孩子的成长尤其重要。

第二步：认同孩子的情绪

认同跟接纳还是有不一样的地方，认同不仅仅是接纳，还让孩子感觉到情绪有合理性。如果我们理解孩子，往往会平复孩子的情绪，孩子也不会再被同一个问题困扰。

小宝有一次洗完澡，擦身体、换衣服时一反常态，非常不合作，他那天说“我还要洗！我还要洗！”在我们眼里，你明明已经洗完了却还要洗，是不是无理取闹啊！怎么办呢？必须想办法让他安静下来，穿上衣服。有的妈妈说，我跟孩子讲道理，但是他听不进去怎么办？有的妈妈说，用其他玩具分散他的注意力，赶紧把衣服套上，但是当孩子越来越大的时候，分散注意力这招就不怎么灵了。还有的妈妈说，规矩最大，我们家的规矩就是洗了澡就要穿衣服，必须要这样做，即使孩子哭闹，也要把衣服套上。还有些妈妈心软了，说，好吧好吧，我们再洗 10 分钟。如果他洗好 10 分钟还要再洗怎么办？他继续跟你讨价还价怎么办？

这个问题挺普遍的，每个家庭估计都发生过类似的事情。

我当时的第一个反应是讲道理，苦口婆心地说：“小宝你已经洗得很干净了，不用再洗了。”但还是不行，他非要洗。怎么办？我灵机一动：“小宝啊，你最喜欢洗澡对不对，喜欢玩水，还有玩小鸭子，是不是啊？”他一下子就不哭了，狠狠点头，因为我说中了他的心事。

“妈妈不让你洗了，你很不开心是吗？”小宝说：“是的。”然后我赶紧接上：“我们洗一次就够了，多洗，你的皮肤会很干，不舒服。这样吧，我们明天再洗好不好？明天还可以玩小鸭子。”

我给他描绘了第二天的蓝图，他很配合地让我把他擦干，给他穿好衣服，毫无意见地下楼了。

孩子是用自己的情绪面对这个世界的。当他一心一意要洗，你跟他讲道理，他是听不进去的；当他得到你的理解心情平静下来，你再讲道理，他才会慢慢听得进去。所以不要说孩子不讲道理，孩子只是需要成人理解他们的情绪，得到理解后，原先困扰他的问题可能就不会再困扰他了。

还有一件事情，也令我印象深刻，并且也很有普遍的借鉴意义。

小宝 4 岁多的时候，我有一次去幼儿园接他，老师把我叫到一边，告诉我中午睡觉起来时小宝突然哭了。如果这个时候老师问他为什么不高兴，往往得不到答案。为什么呢？因为他如果要回答为什么，需要负责逻辑思维的那部分大脑工作。他在哭，那部分大脑就无法好好工作。

老师非常好，先认同他的情绪，把他抱住拍着他的背说："小宝，我看你很伤心哦。"小宝哭了一会儿，自己就说想妈妈了。老师如释重负地说："哦，你原来是想妈妈啦，那你可以早点儿告诉我，不用不好意思。"孩子可能确实是不好意思说，老师给他讲："前几年，老师的爸爸去世了，老师想爸爸的时候也会哭啊，但是，你猜怎样，我哭过之后，心情就好多了。"小宝说："是的，我哭过以后，也感觉好多了。"然后他就去玩了，整个下午这个问题再也没困扰过他。老师告诉我这真的很神奇。她说，孩子好像只是想让他的情绪得到你的认可和理解，之后，他就没事了，去玩了。

由孩子想妈妈这件事情或许我们可以找到这个问题的答案：为什么我们要认同孩子的情绪？因为如果你不认同他的情绪，他可能觉得他不应该想妈妈，由此产生内疚感和羞愧感。这种情绪和想妈妈的情绪交织在一起，就很难安慰。他听到老师一个大人想爸爸也会哭，很正常，就接受了自己的情绪，没有羞愧感，很快就平静下来了。

很多父母都会问我：孩子入园的时候，想爸爸妈妈会哭怎么办？可能很多父母会说，不要想爸爸妈妈啦，爸爸妈妈下班了就马上来接你。虽然孩子接受了父母"不要想爸爸妈妈"这样的信息，但是他想爸爸妈妈的情绪并没有得到纾解，同时还会对自己的这种感受很内疚，觉得有这种感受不应该。所以，我建议，父母也好，老师也好，要认同孩子想父母的这种感受。

面对孩子的这种感受，我曾经用过这样的办法。我的孩子在上学之前跟我说："我会想妈妈的。"我就说："是啊，妈妈也会想你。"我们一起看过一本书，叫"Kissing Hand"，中文叫《魔法亲亲》，我就在他的手里亲一下，然后说："好了，现在妈妈把魔法亲吻放在你手里，你想妈妈的时候，妈妈也在想你，你摸一摸胸口，妈妈就在心里亲你。"孩子的感受被认同，就能比较通情达理，也比较容易被安慰。

第三步：让孩子学习恰当地表达情绪

我们认同和确认孩子的情绪，能让孩子明白一件事：不管你正体验着正面情绪还是负面情绪，我都能理解，我认同你的感受。但是，怎么发泄和表达这种情绪呢？情绪没有好坏之分，不过表达情绪的行为却有好坏之分。我们有三个原则：不伤害他人，不伤害自己，不损坏财物。然后想想，你怎么表达情绪比较合适。

研究认为，情绪表达是后天学习到的，学习适当地调节和疏导情绪更需要一个长期的过程。对幼儿来说，他们需要学习行为的界限，怎么表达情绪是恰当的。如果不能学会恰当地表达情绪，就不能很好地学会管理情绪，更有可能产生各种行为问题。

无条件接纳不是什么都接纳，而是无条件接纳孩子的感受，有规则地接受孩子的行为。

小朋友往往在生气或者遭受挫折的时候发脾气，推别的小朋友、扔玩具，等等。如果理解这些情绪的同时容忍这些行为，孩子会认为这样表达情绪、宣泄情绪是对的，他就不能学会控制情绪，而且在类似的情况下会继续使用这些不恰当的方式。所以父母必须要让孩子明白：我理解你此刻的感受，可是，你打人、扔玩具是不对的。打人伤害了别人，扔玩具会破坏东西。父母可以让孩子想一想，什么样的发泄方式既不伤害别人，也不伤害自己，也不破坏东西。可以用语言讲出来，可以画画，可以想象自己的头上在冒烟，小朋友会想出很多有创意的办法来。

美国幼儿园很重视孩子的感受以及教他们怎么恰当地表达情绪。学步儿（2~3 岁）班级的墙上贴了各种表情的图片，以及怎么表达的图片。比如生气的时候要怎么让自己平静下来，可以深呼吸、把手放在肚子上等等。到了一、二年级，他们继续接受这方面的训练。老师会结合一些故事，让孩子们写和画出什么时候他们有这种情绪，为什么他们有这种情绪，后来是怎么好起来的。他们还有专门的行为指导课，老师通过木偶剧来传递什么样的行为是合适的。

第四步：启发思考，通过解决问题来疏导孩子的情绪

很多时候只要我们对孩子的情绪表示理解和认同，他们就能平静下来。但也有些时候，仅仅认同情绪还不够，我们需要启发孩子思考，解决问题。

孩子心爱的玩具坏了，哭闹不已。有些父母会不耐烦，一个玩具有什么了不起的，别哭了，再去买一个。可是家长也许不理解孩子的心情，他对玩具是有感情的，你买一个新的并不能代替他对旧的那个的感情。

这个时候我们要理解他：玩具坏了你很伤心，来，到妈妈这里哭一会儿，我们想想办法接下来怎么办。孩子的感受得到父母的认同，就会慢慢平静下来。然后我们可以说："这个玩具的这个功能是坏了，但也许不影响玩呢。"也许孩子可能会自己找到办法："对啊，这个功能坏了也没关系，我可以玩其他的功能。"或者，"我可以当别的东西来用。"或者，"让爸爸看下，能不能修好。"当他开始思考的时候，他的情绪就已经得到排解了。

作为父母，在面对孩子负面情绪或者过分的行为时，首先要警惕在认识孩子负面情绪上的误区，在观念上要从关注行为转变到关心情绪，并进一步学会帮助孩子疏导情绪。在这个过程中，孩子会慢慢学会表达和管理情绪，对他进入幼儿园，以及今后面对更复杂的人际关系和社会环境都将大有裨益。所以，父母要有足够的耐心，来和孩子一起经历这些宝贵的成长过程。

『实战』TIPS

情绪引导是系统工程，需要灵活运用方法

我们面对的是一个活生生的孩子，所以当你想进行情绪引导的时候，不要拘泥于教科书，而应根据自己孩子的

特点、个性、喜好、兴趣等，灵活运用各种技巧。

Tip1：认同情绪切忌盲目和简单粗暴

很多父母有一个共同的疑问：我有时候认同孩子的情绪，反而让孩子更委屈了，没完没了地闹，认同情绪这个办法没有用啊。怎么办？

我们认同孩子的情绪，是帮助他们了解自己的情绪，慢慢冷静下来。如果你的认同不能让他冷静，那就要想一想，你的认同是不是恰当。

有个孩子很喜欢粉红色，游戏结束，老师发小玩具，只有一个粉红色的，没有发给她。她就很不高兴，发脾气。爸爸尝试认同她的情绪，说：“老师没有办法给你最喜欢的颜色，所以，你很不高兴，我很理解你。”他认为这样做是认同情绪，结果孩子更加不依不饶，闹得更凶了。

其实这个爸爸在认同情绪的时候，不知不觉地替孩子归因了：因为老师没有给你，所以你不高兴。孩子本来可能只是因为她喜欢粉红色，别的孩子拿到粉红色了，她没有，所以很不高兴，并没有想到是老师没有给她。爸爸这么一找原因，她就觉得更加有哭闹的依据了：谁让老师不给我粉红色的？她不给我，我就要很生气，我就有权利生气。然后越闹越厉害，无法平复心情。

这是我们特别需要注意的一个问题：表示认同情绪的

时候，不要以大人的方式去替孩子归因。

可以换一个方式说："宝宝，你喜欢粉红色的玩具，这次没有得到很不开心。"我们只需要纯粹地对她的情绪表示理解就可以了。

接下来，父母还可以启发孩子去思考："宝宝，我知道你这次没有得到粉红色的玩具很不开心。不过你想想，你们班有这么多人，乐乐、笑笑也喜欢粉红色，如果他们也没有得到粉红色，他们会怎么想呢？"

孩子也许想："我没有得到，会这么不开心，那别人也一样啊。那就轮流吧，今天给乐乐，明天给笑笑，后天就是我啦。"所以父母可以给她机会和时间，让她思考是否还有别的办法，当孩子开始思考怎么解决问题的时候，她的情绪已经平复下来了。不要小瞧孩子，有时候他们会有出人意料的解决方案。

有时候，让孩子改变看法来疏导自己的情绪，给他多种选择，他就不会钻牛角尖了。

大宝 3 岁的时候学会骑三轮车，幼儿园有 4 辆三轮车，他最喜欢红色的那辆。每次户外活动，他一定要红色的那辆，如果别的小朋友先骑走了，他就哭啊，闹啊。老师说："你很喜欢三轮车，三轮车很好玩。"认同他的感受，让他平静下来。"三轮车好玩，你看那个滑梯也很好玩，不信你可以试试看。"孩子就去试试滑滑梯。他喜欢骑三轮车，并不代表滑滑梯不快乐。经过老师几个星期的坚持提醒，大宝已经不再有拿不到红色三轮车就哭闹的现象了。

先去认同他的情绪，照顾他的感受，然后帮他解决问题，让孩子觉得，我没有拿到红色三轮车也没关系，我还有别的选择。想象一下，如果老师不关心孩子的情绪，只纠正行为，甚至在孩子拿不到红色三轮车不依不饶时实行惩罚措施，如去面壁 5 分钟，那么这样的方式导致的最终结果肯定截然不同。

所以认同孩子的情绪切忌盲目和简单粗暴，避免过多的成人思维，真正地去理解孩子，才能帮助他们认识到自己的情绪变化，并从负面情绪中走出来。

Tip2：建立良好亲子关系，灵活运用方法

情绪引导是一个系统工程，父母需要改变自己的观念，并管理好自己的情绪，这是前提。父母还必须观察孩子、了解孩子，整合各种技巧，在具体的情境里将这些方法灵活运用。最重要的是，常常和孩子建立情感上的连接。

大宝上滑冰课，升级评估的时候，因为动作做得太快，有些细节比较粗糙，教练说，下次再评估一次，把动作稍微放慢就好了。大宝就觉得很郁闷，升级没通过啊，他在回家的车上哭了一路。爸爸都劝不住他。到家他就回自己的房间哭去了。

怎么办呢？按照教科书，就是认同他的情绪嘛。我说："大宝啊，妈妈很理解你现在很难过。"好嘛，人家哭得更痛快淋漓了。我又说："妈妈想和你谈谈，你想谈谈吗？"他拿被子蒙着头哇哇哭，那个伤心啊，我觉得他完全沉浸在自己的情绪里，我跟他说什么也没用，因为他根本听不进去，也无法和我对话。我想那就让他哭一会儿也没什么。我说："如果你要哭，你就哭一阵子，妈妈先下去吃饭，等下来找你。"但他又不让我走，他边哭边喘地说："我想让你在我房间里。"我说："你让我在这里，你觉得我能干什么呢？"他说："我想让你帮助我……"

其实我这个时候一点儿也没有不耐烦，也不生气，我很同情他。这么小的孩子，情绪上来了，不是我说一句"哦，我理解你啊"，他就能冷静下来的。其实他也很想冷静，但自己控制不了。

我说："爸爸刚才跟我说了，你就是太快，如果你慢一点儿……"

我还没说完，他就打断我："可是，我就是没法控制，我慢不下来啊……"

我灵机一动，本来想等他冷静下来，才让他自己想办法解决问题，根据当时的情况，我决定立刻单刀直入，帮助他解决。

我坐在他旁边，用很兴奋的口气说："嘿，你猜我想到了什么？我想到怎么帮助你了！我给你一个能让你慢下来的橡皮筋。”

他马上把头伸出被子，问：“是魔法皮筋吗？”

我暗喜：有门儿啊。这么快就跟我对上话了。“嗯，如果你觉得它是魔法皮筋，它就是魔法皮筋。妈妈把它套在你手腕上，你滑冰的时候，这个橡皮筋会提醒你：慢一点儿！慢一点儿！”

他不哭了，说：“妈妈，我要把橡皮筋套在这个手腕上。它会传递信息吗？”

我回答：“行啊，随便你套在哪只手上。它当然会传递信息了，它把信息从你的手腕传递到你的大脑，然后你猜会怎么样？”

他摸着头：“然后我的大脑会告诉我的身体、手和脚，让它们慢下来。”

“对啦！这个橡皮筋就这样提醒你，就帮助你解决了问题，对不对啊？”

我发现，只要孩子的思路转移到解决问题上，他的情绪就能逐渐平复。他如释重负地抱住我，把眼泪擦在我身上，我笑着说：“你看，如果你想跟我谈谈，妈妈贡献出耳朵；如果你想哭，我贡献出我的胳膊和衣服。爸爸妈妈爱你。”他也笑了：“妈妈，我感觉好多了。

凡事过犹不及，你不需要时时刻刻去认同孩子的情绪。有的孩子跟别人玩，抢玩具没抢到哇哇哭的时候，妈妈就不能盲目表示认同了。这个时候，跟他讲明规则，和别人玩，要别人的玩具，需要用嘴巴讲，而不是动手。有个妈妈说，有一天晚饭，家里吃鸡翅，孩子非要吃鸡腿，哭闹起来。妈妈还在不停地表示理解："宝宝，我知道你很想吃鸡腿，你吃不到鸡腿很伤心。"这种情况，直接说就好了，"很抱歉，宝贝，今天只有鸡翅。"

所以我们不需要每次都按照教科书上的步骤或技巧，关键是父母和孩子需要良好的亲子关系，父母对孩子有足够的了解，这样在不同的情况下，父母才能在最短的时间内做出最佳判断，想出最佳解决方式。

第 7 章

延迟满足能培养孩子的自控力吗?

延迟满足并不是简单地延迟满足孩子的需要，而是培养孩子在合适的时间和地点做想做的事，这是自控力的一部分而不是全部。自控力的培养就在生活的点滴中，父母要从全局出发培养孩子的自控力，不要纠结于“满不满足孩子的要求”这个问题。

很多父母知道“延迟满足”这个词，但是对延迟满足的含义或者如何实施却有着不同的理解。有些父母看到延迟满足，就从字面上去理解，认为：“好，要延迟满足孩子的需求。”于是他们以为延迟满足是一种教育方法，也就是“延迟满足孩子的需求”，通过这种教育方法，他们希望能够培养孩子的自控力。这样的理解引起了他们深深的困惑，以下都是他们的疑问和纠结：

• 我本来可以满足孩子的，但是用了延迟满足的方法，总是不满足他，结果导致孩子觉得我在故意刁难他，越来越不信任我了。

• 为什么要故意给孩子设置障碍，实行延迟满足呢？不合理的要求可以拒绝并说明理由，合理的要求为什么要刻意拖延？更麻烦的是，要求合理还是不合理其实只是我们的判断，那么我们的判断是否正确又如何来判断呢？

• 我实施了延迟满足的方法，效果却并不好。我总是在孩子有要求的时候跟她说，再等几分钟或者再等几天。有时候会要求她做了某件事，才可以得到某样东西。孩子总是很不情愿地做了或者等着。现在发现孩子该做的事情不做，也学会跟我讲条件了。

• 是不是延迟满足只可以用在买东西上？不能看到就买、想到就买。拒绝的时候说明原因或者说具体什么时候再买。那么，孩子精神上有需求，也要延迟满足吗？

• 延迟满足是一种方法，我们走中间路线总可以了吧？有时候及时满足，有时候延迟满足，看是什么需要；对有的孩子及时满足，对有的孩子延迟满足，根据他们的个性来。

对延迟满足的误解以及操作不当，令很多父母困扰，显然很多父母也没有得到理想的教育效果，而他们也往往在“要不要满足孩子的要求”上纠结不已。首先我们必须搞清楚，延迟满足究竟是什么，它在孩子发展中起到什么作用，延迟满足和自控力又有什么关系，然后再来考虑在生活中怎么培养孩子的自控力。

延迟满足并不仅仅是“延迟满足孩子的需求”

延迟满足，英语是“deferred gratification”或者“delayed

gratification”，字面上直接翻译是“推迟的满足感”。比如我想要一样东西，不过我等了很久才得到，而我得到东西的时候并不是抱怨“怎么现在才得到”，而是依然有满足感。

这个概念在发展心理学中指的是人的一种能力，或者人的一种属性，是人能够等待合适的地点、合适的时间再做想做的事，反映了自我控制或者说克制欲望的能力。它的反面概念是即刻满足（instant gratification），拥有这种属性的人，欲望控制力不够，比较冲动。所以说，“推迟的满足感”是一种个人能力，并不仅是“延迟满足孩子需求”的意思，也不应该简单地作为一种教育方法来看。要理解“推迟的满足感”，必须理解儿童自我控制的能力。

幼儿在12~18个月就逐渐出现自我控制的苗头，比如，他们可以听从一些简单的要求：“在门口等一下，妈妈拿了包就带你出去玩。”他们能克制住马上冲出门的欲望，在门口等一小会儿。

研究儿童的心理学家对幼儿自我控制和听从父母要求的发展很感兴趣，他们开始研究早期自我控制的能力。他们是怎么研究的呢？他们设计出一些情景，这些情景包含了能够体现延迟满足的任务。所以说，“推迟的满足感”能够在一些特定的情景里反映自控力。但是，自控力不仅仅包括“推迟的满足感”。

对“推迟的满足感”进行的研究，最著名的大概要算棉花糖实验了。20世纪60年代，米歇尔在斯坦福大学的幼儿园做了一个棉花糖实验：实验者给一群4岁的孩子每人一块棉花糖，说:“你可以随时吃掉。但如果能坚持到我回来后再吃，你就会得到两块糖。”说完，他走了。有些孩子很快把糖吃了，也有些孩子坚持等到实验者回来，当然，他们得到了许诺的两块糖。之后，研究人员对这些孩子进行跟踪研究，一直到他们高中毕业，发现在4岁时就能够为两块糖而等待的孩子，具有较强的竞争能力、较高的效率及较强的自信心。他们能够更好地应付挫折和压力，并且具有责任心和自信心，普遍容易赢得别人的信任。而那些没有抵御住诱惑的孩子，抗挫能力、自控能力较差，在压力面前不知所措，做事效率较低，自信心和责任心都不强。

此后，培养孩子拥有适当的“可推迟的满足感”，开始引起人们的注意。我们认为，拥有适当的“可推迟的满足感”的孩子，具备一定的自控能力，这个能力和将来的学习能力、应对困难等能力确实有正相关的关系。

既然说延迟满足的最终目的是让孩子具备自控能力，那么，自控力的概念又该如何理解呢?

自控力是比延迟满足更广的概念

在中国，“延迟满足”被字面理解成“延迟满足孩子的需求”。这和教养实践是直接相关的。在教养孩子的实践中，由于溺爱、百依百顺，有些孩子确实容易提出一些没有节制的要求，父母往往在孩子提要求的情景里才会想到：要不要推迟满足孩子的要求？如果我推迟满足孩子的要求，是不是能培养他的自控力？所以，我们必须厘清延迟满足和自控力的关系。

“推迟的满足感”在一些特定的情景里能反映出儿童的自控力，不过，自控力是比“推迟的满足感”更广的概念，比如刚才我们说的幼儿可以听从父母的简单指令，这也是自控力的一部分。幼儿有时候排除干扰，专心玩一个玩具，这也是自控力的一部分。所以，我们可以理解为，“推迟的满足感”是发展儿童自控力的一部分。

自控力不仅仅包括“推迟的满足感”，只不过，在育儿实践中，需要使用延迟满足的情况更容易被父母观察到，所以父母往往关注这一类情景比较多，常常都是在纠结“要不要满足孩子的要求”。比如，孩子有这样那样的要求，想做这样那样的事情，允不允许呢？

我们要牢牢记住，我们需要培养的是，孩子能够等到合适的时间做合适的事情。这是“推迟的满足感”原本的含义。既然是合适的时间做合适的事情，那就没有必要事事推迟，也没有必要总是故意不满足孩子的要求，总是让他等待。正因为不加区别地总是让孩子等待，才造成很多问题，破坏孩子对父母的信任，破坏亲子关系，既可能使孩子变得斤斤计较，讨价还价，也可能使孩子过于关注物质和自己的需要。

本章开篇提到，有些父母的困扰是，“孩子精神上有需求，也要延迟满足吗？”

我们只要想一想，如果孩子有精神需要，父母不即时满足，是否能培养孩子的自控力？显然不能，对孩子的情感不做及时和适当的回应，反而会伤害亲子关系，而不能培养孩子的自控力。所以，这个顾虑父母们可以打消了。

由此我们可知，延迟满足是培养儿童自控力的一部分，但不能一味盲目地“延迟”。那么，下面我们来更深入地了解一下自控力对孩子成长的重要意义，或许父母们就能够更理性地认识到，在延迟满足这个被聚焦放大的点之外，还有更多需要被关注且不可忽视的自控力的重要作用。

跳出“延迟满足”的纠结，全面发展孩子的自控力

自控力通常在需要延迟满足的情景里容易被父母感觉得到，然而，自控力对儿童学业、社交发展以及情绪发展的作用却往往容易被父母忽视。希望父母都能跳出“满足不满足孩子的需要”这样眼前的小问题，认识到自控力的更多功能，从而全面发展儿童的自控力。

自控力对孩子的学习至关重要

有些父母说，自己一贯对孩子实行快乐教育，让孩子无拘无束地成长。可是进入小学后，却发现孩子适应力非常差，学

业跟不上，经常被老师差评。而父母往往认定这是孩子的学业问题，于是到处请家教，给孩子加码。其实很多时候，并不是他们学业跟不上，而是他们缺乏自控力而影响了学业。

在学习的时候，我们需要持续地监控我们要达到某个目标的过程，并能够及时调整实现目标的策略。比如我要学习一个新的字，这个字的发音是什么，它和哪些字比较像，类似的地方是哪里，不同的地方在哪里。我需要注意避免把像的字混淆起来，所以必须注意并记住这个字不同的地方。我还可以使用不同的记忆策略帮助记忆，可以调整不同的记忆策略使我的学习更有效。这就叫认知自我调节能力，体现了一定的自控力。

婴幼儿和学龄前儿童就已经具备了一些和学习有关的自控力的基础。

我们家有个婴儿玩具，这个玩具有不同的开关。一个开关需要直接用手指按下去，鸭子会呱呱叫；一个开关需要旋转，小鸟会唱歌；一个开关需要上下移动，小青蛙会一跳一跳。这个玩具既促进了宝宝精细动作的发展，又无形中促进了他们的自控力。哪件事情最容易做？对小宝宝来说，按下去这件事情最容易，有时候精细动作发展不够好，他们不用手指，而是直接拿手掌按下去。但是如果他们想看小青蛙跳，就必须克制住自己想直接按下去的冲动，并集中注意力，努力用手指上下移动开关。

在孩子的生活和游戏里，有很多这样容易被父母忽视的小机会，这些情景需要孩子排除无关的干扰，专注在相关的事情上。研究发现，自控力比较好的孩子，专注力也比较好，能够在工作记忆里比较长时间地储存信息，这一切都有助于孩子的学业发展。研究还发现，早期良好的自控力对于幼儿的语言发展有积极的作用，对学龄儿童的阅读和数学能力也有长期的积极影响。

自控力有利于孩子社交能力的发展

儿童需要能够使用一些策略来调节自己的情绪，使自己的情绪状态在一个比较舒适的范围内，这叫情绪自我调节能力，也和自控力有关。

比如说，万圣节下午下雨，晚上不知道能不能出去要糖。有的孩子就很生气，哭闹起来；有的孩子安慰自己说，叫妈妈带我们去商场要糖就不会淋雨。或者经过施工地点，工程车声音很大，有的孩子会怕，就自己捂上耳朵。这些都是自我调节的一些技巧。当孩子掌握了越来越多的策略，大哭大闹的情况就减少了。自控力良好的孩子，往往能够比较快地掌握一定的社交技巧。而情绪调节能力差的学龄前儿童往往在幼儿园有一些行为问题，无法建立良好的同伴关系。

让孩子拥有一定的等待能力，不仅仅有利于他们自控力的发展，而且有利于他们的社交发展。

比如说，在生日会或其他聚会的时候，往往不止一个孩子。生日蛋糕是要大家分享的，所以不管一个孩子有多么爱吃蛋糕，也要等主人分给自己，不能自己上去就拿；如果几个孩子同时有需要，主人或者爸爸妈妈一边满足其中的一个孩子，一边解释：我正在帮助这个小朋友，其他小朋友请耐心等待，马上就轮到你了。有等待能力的孩子可以理解，他们明白每个人都有需要，会等一等。没有等待能力的孩子经常会闹起来。经常吵闹的孩子通常不太会受欢迎。

现在，我们了解了除了"延迟满足"之外，与自控力相关的内容还有很多，并且从自控力的角度出发，而不局限于延迟满足的小小视域，也能帮助父母们更好地观察孩子的成长。既然自控力如此重要，那么我们接下来就谈谈关于自控力的培养问题。

如何培养自控力？

自控力的培养不要违背儿童的发展特点

首先，有些必须要注意的地方，提请父母们一定要警惕。

必须尊重儿童的年龄特点，对他们要有现实的期望。成人可以同时做几样事情，我们可以一边做饭，一边和朋友打电话，还能想明天需要买哪些调料，而孩子则要困难得多。

他们上楼去刷牙，看到楼梯上有个喜欢的玩具可能就把刷牙给忘了。成人收到不喜欢的礼物可以微笑着感谢。如果孩子收到不喜欢的玩具，他们往往直接叫出来：我不喜欢这个礼物。儿童活在当下，他们常常不能抑制自己的冲动、欲望和感受，因为自控力和大脑的发育有关，比如大脑前额叶负责判断、推理、调节等工作，在儿童和青少年时期一直在发展，直到二十几岁才完全成熟。

所以对于儿童，我们不能拿成人的标准去要求他们。同时要尊重儿童自己的天性，有的天生比较容易适应新事物，有的反应比较快，而有的适应起来要困难一些。有些儿童比另一些儿童更需要帮助，发展的时间也更长一些，这些都是正常的，不能不考虑孩子的发育现状提过高的要求。

有些父母看到了棉花糖实验，认为让孩子抵制诱惑能培养孩子的自控力。于是，有些父母故意带宝宝去商店，当他看到一个喜欢的玩具，想让爸爸妈妈买时，父母却故意当天不买回来，而是跟他讲道理：这玩具的钱相当于家庭某某方面的开支，要是想买，需要等爸爸妈妈上班挣钱，节省开支，计划后才能买。这样做，他们觉得可以培养孩子的耐性。可是，幼儿的大脑发育现状不能让他很理智地克制欲望，而且他们对于收入和钱的概念也不是很清楚，并不能明白爸爸妈妈的收入、开支和玩具的关系。经常进行这样的“诱惑”而不买，会伤害孩子，他们可能会认为爸爸妈妈不值得信任，不爱他们，总是不满足他们的愿望。

还有的父母对孩子进行“诱惑训练”。比如给孩子零食，然后故意跟孩子说，你可以自己决定怎么吃。如果能克制到第二天吃，就奖励一点儿零食；如果不能克制，就在后面的一天不给零食。这些父母认为，这样做能够培养孩子抵制诱惑的能力，在权衡利弊的基础上克制自我，以得到更多的利益。为了明天，必须克制今天的欲望。

这样的训练，在我看来也并不符合儿童的发展特点。大脑的前额叶在幼儿时期远未发育成熟，要求幼儿在面对诱惑的时候去克制，还能够权衡利弊，这样的要求显然太高了。这样的做法会对孩子造成很多伤害。有些孩子从来不问父母要东西，再喜欢的东西也不要，因为他们认定父母肯定不会买。有些人长大成人后，因为儿时被克制太多，在购买东西的时候常常会不由自主地克制自己；也有人走向反面，反正是自己的钱，父母管不到，就冲动购物。凡事过犹不及，这些都是父母刻意让孩子克制欲望可能会产生的伤害。

尊重孩子的成长规律，不提太高的要求，不运用过分的方法，在各种环境中注重孩子自控力的培养，是父母们必修的一门功课。

自控力培养就藏在生活的每个细节中

在社交和游戏中学习自控力

幼儿需要和别的幼儿一起玩，学龄儿童交往的小朋友就更多了，他们和同学一星期五天朝夕相处。自控力对儿童学习社交技巧、同伴交往有很重要的作用。在很多社会情境中，我们要抓住机会培养孩子的自控力。

比如在幼儿园，一个孩子正在玩一个玩具，另一个孩子也想玩，怎么办？最初孩子很难控制自己的欲望，会去抢。这时候老师强调："我们要轮流玩玩具。轮到你了，你才可以玩。"或者提供一些办法："能不能找一个玩具和你的朋友交换？"对于会说话的孩子，老师还会说："不要抢，请用语言来要求。请有礼貌地说，'能让我玩一会儿吗？'"玩滑梯的时候，幼儿要学习游戏规则和安全规则，要想大家都能安全地玩，必须按顺序，不能抢或推，也不能从滑下来的地方倒着爬上去。多在这样的情景里讲明原则，规范孩子的行为，就能培养孩子的自控力。

再比如，小朋友一起玩游戏，每个人都有一个角色，为了让这个游戏玩下去，就必须遵守游戏规则。大家一起玩火车的游戏，把小椅子排起来当火车，商量好一个小朋友当司机，其他小朋友当乘客。在这个游戏里，"乘客们"必须要抑制自己乱动乱走的冲动，只有到了站才可以站起来走下去。而且，事先商量好的角色不能随便乱改。一个孩子不能一分钟当司机，下一分钟当乘客。乱了规则，小朋友会不喜欢和他一起玩。所以孩子们经常玩游戏，大大锻炼了他们的自控力以及和同伴交往的能力。

如果你让孩子站着一动不动，当然没有孩子做得到。如果和孩子一起玩游戏，他们往往能表现出比较强的自控力。有一个游戏叫"请你跟我这样做"，孩子必须要专注在别人的动作上，还要自己一起跟着做同样的动作。这对他们排除干扰，用意志控制自己的动作有很大的帮助。我们玩“我是一个木头人”的游戏，他们就能持续比较长的时间一动不动。如果你想让孩子安静一段时间，建议可以玩间谍的游戏，假装需要躲起来，不能让别人发现。你会发现，在游戏的情景里，他们能克制得久一些。这些游戏能够让孩子专注、思考、排除干扰，有意识地注意自己的动作。这些都能够锻炼自我控制的意识和能力。

让孩子认识“自控力”，学会自我控制

在恰当的情景下，对自控力做出定义，这样的语言引导有助于孩子练习自控力。什么是对自控力做出定义呢？下面用我自己的一点儿经历来探讨这个问题。

有一次我带小宝看医生。在医生把耳镜放到耳朵里的时候，小宝就不高兴了，有点儿不配合。医生让他把工具拿在手上玩一会儿，然后让他把手指弯拢，握成一个圈，把工具放到圈里，轻轻转动，然后说：“我待会儿就是这样看耳朵，你不要乱动，你要是乱动，可能会把你刮伤。坐着别动，我很快就看完了，也不疼。”小宝居然点了点头。然后医生又开始检查，小宝明显很紧张，肩膀、手臂都有点儿抖。我一边抱住他，一边鼓励他：“你现在这么坐着，一动不动，非常好。谢谢你坐得这么好。你这样叫自我控制。”医生也说他是今天最好的病人。医生检查完的时候，小宝虽然含着泪，却不忘提醒我们说：“我是最好的病人！等下可以拿张贴纸。”我当时心里真感动，也很惊异。他为了当最好的病人，确实有意识地控制了自己的行为。所以，不

要以为孩子小就做不到，给予一定的鼓励，他们也相当有自控力呢。而且，等下一次看医生，我提到自控力，他马上想起这一次的成功经历，于是他有了自信，更加配合医生的检查。

我们还常常注意到，孩子在做一些事情的时候，比如画画或者游戏，喜欢自言自语。我们不要去打断或者禁止。维果斯基研究儿童自言自语，发现他们喜欢这样来调节和指导自己的行为。比如他们刚会系鞋带的时候，一边系一边嘴里说着每个步骤，而手照着做。维果斯基还发现，当儿童在遇到挑战性的问题时，自言自语的情况增多。当他们自言自语的时候，专注力更持久，可以更有耐心地尝试解决问题。随着年龄和能力的发展，慢慢地，不再需要这么大声地“思考”，而是在大脑里思考，他们的自控力也会越来越好。

有一个著名的帮助幼儿发展自控力的方案——心智工具（Tools of the Mind）是美国很多幼儿园采用的课程，建立在维果斯基的脚手架原理基础上，老师提供脚手架式的帮助，也就是根据儿童发展的身心特点，提供恰到好处的帮助，随着儿童的发展，慢慢减少帮助，让儿童能够自己实现目标。

在这样的幼儿园里，幼儿的所有活动都有注意力的脚手架帮助。比如老师会提供一些外在的帮助，让小朋友能够集中注意力。老师念故事的时候，会说：小朋友，要用小耳朵听好哟，抓住你认真听的小耳朵。当小朋友抓住耳朵的时候，他们的注意力能集中比较久。当一个小朋友在讲故事的时候，为了不让他的同伴打断，老师会让他们拿着一张画着耳朵的图片，这个图片提醒孩子要集中注意力，克制想打断别人说话的欲望。老师会鼓励假想游戏，因为在这些游戏中，孩子们必须要遵守游戏规则，并且用头脑来引导自己的行为。

这个心智工具计划比较成功。低收入家庭的幼儿随机分入开设这项课程的幼儿园或者传统的幼儿园，一年以后发现，前者在需要克制自己的冲动、需要集中注意力的任务评估中表现较好。学者们认为，通过心智工具培养注意力很可能会预防学业情绪和行为问题。

回到最初对“延迟满足”的纠结，不知道此刻作为父母的你是否释然了很多？了解了含义更为广泛的自控力，以及培养自控力所应注意的问题之后，相信面对孩子成长中的各种需求你会更加从容。孩子的发展是一个整体，如果父母站得高，能从全局出发去培养孩子的自控力，就会促成一系列的良性循环。当孩子有了一定的自控力，要不要马上满足孩子的要求就根本不成为问题。

『实战』TIPS

合适的时间做合适的事情是培养自控力的根本

如果我们能摆脱“要不要马上满足孩子的需要”这样的困扰，给予他们充分的理解，让他们逐渐学会自我管理和自我控制，那么，在父母和孩子有了良好的沟通和爱的基础上，孩子就不会无节制地提出要求，而父母即时满足他们的需要也不会宠坏他们，有时候让他们等待也不会产生怨恨。所以，培养他们的自控力，在合适的时间做合适的事情，激发他们的内部动机，实现自我管理才是根本。以下几个建议，希望能对你面对孩子的需求时有所帮助。

Tip 1：在合适的情景中，让宝宝等一等

对于婴幼儿来说，自控力的培养不需要制造一些特别的机会。生活中有很多自然的时刻，需要他们等待和克制冲动。当然他们的自控力还很差，离不开爸爸妈妈的提醒。自控力在生活中自然而然就可以得到练习。

几乎每个父母都有过这样的遭遇，宝宝要吃饭或者喝水，而饭和水还是烫的。怎么办？一部分家长会想办法让饭或者水尽快凉下来。有一个妈妈说，有一天吃粥，因为粥很烫，她就把一碗粥分成两碗，这样凉得快一点儿。不料，两岁的宝宝喜欢有规律的生活，对他用的东西很执着，只愿意用他专用的碗，对妈妈把他的粥分到别的碗里很不满，哭闹起来，就是不吃别的碗里的粥。最后大人和孩子都不高兴。

为什么不让孩子等一等呢？很多父母低估了孩子，怕他们等不得。很多爸爸妈妈说，小孩子就是性子急，要什么就得马上给，不然他就要闹。其实我们不要低估了他们的能力哦。很多研究发现 1 岁半~3 岁期间，宝宝慢慢具备了自控力，在很多情况下可以做到短暂的等待。比如，等吃了生日蛋糕以后才拆生日礼物；等一个小朋友玩好了

以后再玩同一个玩具。他们在爸爸妈妈的提醒下，可以等待，在合适的时间做合适的事情。有些稍大的幼儿还很自觉地运用一些策略来帮助自己克制欲望，比如自言自语、唱歌、转移注意力等等。

在棉花糖实验里，那些等着实验者回来的4岁孩子，有的把自己的眼睛捂起来，有的看别的地方，有的数自己衣服上的花……总之，他们付出努力，有意识地把自己的注意力从棉花糖上转移开。当他们想象糖是天上的云朵，或者想象糖的四周有个镜框，就像一张照片时，他们可以等待18分钟之久。

所以即使是四五岁的孩子，也并不像一些父母想象的那样性急，必须要即时满足，不然就会哭闹。他们的自控力已经开始发展，在父母的帮助和提醒下能慢慢做得更好。

小宝很小的时候我就让他学习等一等。我通常把碗放到孩子面前说："你看，粥在冒热气，很烫。妈妈吹吹，凉了才可以吃。"为了让他把看到的热气和烫联系起来，有时候做饭的时候，我会带他到锅的旁边，看热气冒出来，并让他的手掠过热气，这样他有个亲身的感受，对热气会有直观的理解。如果有时候他闹起来，非要马上吃，我就舀一勺粥，确定不会烫到他，给他吃。他一吃，有点儿烫，就吐出来了。我就跟他说："你看，妈妈说了，现在还有点儿烫。妈妈帮你吹凉了才可以吃。"他有过一两次这样被烫的感受，就知道还是等一等的好。当然孩子还小，干坐着等很困难，我就给他找点儿事做，舀一点点粥，让孩子自己来吹凉；也可以玩数数的游戏，吹一下，数一个数；或者可以编一首很可笑的吃粥歌……总之让他做一些事情来分散注意力。孩子在这个过程中学会了等待，一点点地增强了自控力。

在生活中有很多这样自然的情景，只要爸爸妈妈用心发现，抓住机会，从点滴做起，就可以帮助孩子或者教孩子一些分散注意力的策略。这些都不是刻意制造的诱惑，而是生活中很自然发生的，爸爸妈妈可以帮助他们一起度过。

Tip 2：合情合理地满足孩子的需要，形成良性循环

孩子要上一年级了，想要个新书包，这个要求合情合理，不过，没有必要当天就去买。每次开学前的某个周末，商店的学习用品都会打折。这个时候，父母不妨说："你要过两周才上学，这个周末学习用品全部会打折，等这个周末我们一起去买书包吧。"

很多时候也可以让孩子在一定范围内自己做主，在选择中适当控制自己的欲望。我们带孩子出去玩，讲好可以买一个纪念品，不能多买。有次去水族馆玩，卖礼品的商店是出口的必经之路。进去之前，我跟孩子们重新申明我们的原则。大宝看中了两样，拿着两样趁我不注意走向付钱的地方。我叫住他，帮他拿住两个玩具，问他："你好好想一想，到底想要哪一个？你只能挑一个。"大宝想

了想，最终选择了其中一样。

对孩子的物质需要要合情合理地满足，既不必百依百顺，也不必故意不满足。现代生活的快捷和便利，让即刻满足愿望的机会增多；而父母在这个过程中，则需要一些智慧帮助孩子学会等待和取舍。

通过和孩子的良好沟通，权衡利弊，给予他们信任和一定的自主权，他们就能逐步实现自我管理，而这也有助于他们内部动机的形成。很多父母担心如果总是满足孩子的要求，可能会让他们要求无度。其实，对孩子的要求合情合理地满足，关注他们的感受和选择的权利，他们是不会提出无限制要求的。

一天，大宝小宝和我去买东西。路过卖麦片的地方，我顺手抓了两盒。小宝看着旁边的另一种甜麦片说："妈妈，这个我从来没吃过呢。"我解释说："妈妈以前买过，你忘了？这个太甜了，不健康。你们不爱吃，所以最近一年妈妈没买过了。"我本来都想走了，小宝恋恋不舍地说："妈妈，以后我们买这个好吗？"两个孩子陪我买东西的时候，通常情况下会找比较健康的东西，不会乱要。偶尔要买我觉得不该买的东西，我通常也会满足他们。

我说："你很想吃这个是不是？你要是很想吃，妈妈就买。"他看了看东西，又看了看我："要不咱们明年买吧。""那倒不用等这么久，"我说，"妈妈今天就给你买一盒好不好？这个虽然有点儿甜，不过我们偶尔吃一些没关系。”两个孩子很高兴地把那种麦片放到了购物筐里。

他们在幼儿园里就接受了健康饮食的教育，学过食物金字塔，知道小朋友要健康成长，身体不需要很多糖分，所以他们比较有节制。既然这样，他们的小要求我都乐意去满足。这就形成了一个良性循环，我不担心我这次即时满足他们，他们以后会提出无节制的要求。因为我相信儿童发展的主体性。他们怎么提要求，提什么要求，并不仅仅由“父母怎么满足我”这一个条件所决定。他们有自己的理解、思考和观点。

比如对于零食，不是父母控制不控制，而是孩子理解不理解。如果他们理解身体发育需要各种均衡的营养，而糖分在金字塔的顶端，大部分儿童都能克制住想大量吃糖的欲望。从亲子关系上来说，我们要理解他们。有时候我们退一步，满足孩子的一些小愿望，让他们感觉到他们是经常被“满足”的，那么在大原则上，不被满足的时候就更容易接受。不然，大事小事都不被满足，孩子可能会觉得妈妈爸爸总是不满足我，这样就不容易合作。

所以说，良好的亲子关系、平时生活中养成的自制力、儿童自己的思考和选择，决定了孩子提出什么要求，也决定了我们怎么满足他们的要求，而且这几个因素是互为影响的。

第 8 章

为什么越称赞，孩子越说不得了？

称赞有方法，父母们不必过分担心和焦虑，给孩子更多的爱和真诚，让他们明白成败只是结果，过程的付出和收获是更美妙的事情。只要父母和孩子都具备成长型思维模式，相信孩子一定会收获更多的成长。

很难想象孩子在一个没有赞扬的家庭成长。赞扬是亲子关系的润滑剂，有时候在教养孩子时还可起到四两拨千斤的作用。

孩子需要赞扬，这一点毋庸置疑。我们要思考的问题是，怎么样恰如其分地赞扬孩子？很多人以为赏识教育就是无条件地夸孩子，不管孩子做了什么都夸："孩子，你真棒！"渐渐地父母发现这样称赞孩子，孩子变得不能接受任何纠正和批评，有了错误说不得，闹脾气，更别提改正错误了。也有的孩子变得胆怯了，没有百分之百把握的事情坚决不做，不能接受挑战，提高自己。很多父母对赏识教育产生了疑问：是不是不应该实行赏识教育？

还有很多父母担心的是，称赞孩子会不会破坏他们的内在动机。是不是越表扬孩子，他们越需要被表扬？而且担心他们为了讨好父母或者迎合别人的期望而去做一些事情。

我很难想象一个爱孩子的父母能憋着不称赞孩子，能憋着一个鼓励的微笑、一个赞赏的眼神，甚至一个心领神会的表情都没有。事实上这是不现实的。那么，我们现在需要解决的问题是，什么是真正的赏识教育。真正的赏识教育应该是认清孩子的优缺点，激发他们的内部动机，对他们产生持续的影响，而且通过我们的评价方式，让孩子逐步学会恰当地评价自己。只有如此，才不会产生依赖表扬、不能面对挑战这些问题。

既然很多父母担心称赞会破坏孩子的内在动机，那么，让我们先从内部动机的角度来了解一下，赞扬究竟是如何对孩子产生作用的。

赏识教育对孩子未来的自我评价意义重大

我们称赞孩子的目的应该是激发他们的内在动力，让他们逐步认清自己的能力，恰当地进行自我评价。我们对孩子评价的方式往往影响着孩子将来对自己的评价。

每个人在完成一件事情的时候，都会找到完成这件事情的原因和理由，这叫归因（attribution）。

一个孩子参加成语比赛，结果最后一个成语说错了，得了第二名。他可能有各种理由：我的语文水平一直不错，所以我可以进入比赛。而且比赛之前我花了很多时间认真准备。可惜，最后一个成语太难了，我运气不好。不过，第二名也很不错了。这个孩子找到三个原因：能力、努力以及运气。

德韦克（Dweck）对小学生怎么归因他们的成绩很感兴趣，做了十多年的研究。她发现，有些孩子把他们的成就归功于能力。他们认为能力是他们通过学习或者大量练习可以提高的，而且在面对新挑战的时候，能力往往靠得住，所以，成功的时候，他们会认为是因为自己不断努力提高了能力；当他们失败的时候，他们认为可能自己不够努力，这也是自己可以控制的因素。这样的孩子不管失败还是成功，都会努力而持续地学习。认为能力是持续可发展的孩子关注学习过程，他们会不断付出，寻找各种资源，发展自己的能力，当然相应地，他们的成绩也会随着提高。

另一部分孩子则相反，他们认为能力不是可持续发展的，而是固定的。当他们成功的时候，他们会认为是一些外部因素的作用，比如运气。“我这次考试成绩好，是因为运气好，正好这些题目我都复习过。”当他们失败的时候，他们会归咎为自己的能力不够。“我这次考得糟糕极了，因为我比较笨，学不好数学。”因为他们认为能力是不可改变的，所以当他们面临新挑战时会觉得没有自信，很容易不尝试就放弃了。最终结果对他们很重要，他们依赖最终结果来评价自己的能力。失败的体验对他们来说尤其不可抚慰，因为这会让他们认为自己的能力差。时间长了，也影响了自信。

所以，父母需要长期地、习惯性地引导孩子去关注完成一件事情的过程，而不是只关注事情的结果。我们称赞孩子的时候，可以描述事情的过程：“你为了准备比赛花了很多时间。”“你为了完成这个项目查了很多资料。”或者，“你为了做成这个机器人，和好几个人分工合作。”即使这件事情最后没有成功，在做这件事情的过程中，孩子还是得到了能力的锻炼和乐趣。

这样的评价能够让孩子关注能力的发展以及实现目标的过程。如果目标实现，他们以后还会付出同样的努力；如果目标没有实现，他们也可以审视整个过程，找到原因，下次改进。这样，才是我们说的激发孩子的内部动机。

了解了合理的归因与评价对激发孩子内部动机的影响，那么，合适的评价应具备怎样的特征呢？或者说，怎样的称赞方式，才能真正激发孩子的内部动机呢？

应该如何称赞孩子？

具体而诚恳的称赞能激发孩子的内部动机

真正的赏识教育需要具体地、客观地评价孩子，体现父母对孩子真诚的赏识，才能激发他们的内部动机。父母称赞孩子是父母对孩子的一个评价，对孩子来说，父母的评价是重要的他人评价，他人是怎么评价自己的，从哪些方面评价自己，是他们逐步学会怎么客观评价自己所依据的重要参考。

无条件地称赞孩子，用“孩子你真棒”这样的方式去称赞，既不具体，又不能体现诚恳。具体的称赞是父母用赞赏的语气来描述自己所看到的和所感受到的，而不是泛泛的、笼统的、无差别的一句：你真棒！你真好！

孩子画了一幅画，高兴地拿给妈妈看，妈妈说："啊，你画得真棒！"这样空泛的夸奖并不能引起孩子的共鸣，他可能会觉得妈妈在敷衍他，并没有好好地欣赏他的画，而且他也无法得知妈妈是从哪些方面评价他的，因而无法学习怎么评价自己。

如果妈妈说："啊，你这幅画画的是昨天我们一起读过的书里的场景啊，我太喜欢这个场景了！哦，你居然没忘记在远处画上那个山坡和湖，简直太仔细了！妈妈能看出来你花了很多心思，而且你的记性也不错哟。"这些具体的称赞能引起孩子的共鸣，他付出的努力被认可，内心升起自豪感。下一次他画画的时候，可能会想起妈妈的评价，会更仔细或者努力地回忆细节。通过妈妈这样具体的评价，孩子发现了自己的这些闪光点。

有些妈妈会担心：如果我的孩子并没有做到这些，我去这样夸他，不是显得很虚伪吗？如果不想夸孩子"你很细心"或者"你记住了什么场景"，简单一句"我很喜欢这幅画，我喜欢你用的色彩对比"也比笼统一句"你真棒"或者"我很喜欢你的画"对孩子的鼓励要大，因为你毕竟客观地描述了自己的所看所想。

任何称赞都应该是诚恳的，需要父母仔细观察，找到孩子的闪光点。"今天你的房间真整齐，我走进来很舒服。""谢谢你把作业整齐地放在架子上，这样妈妈找起来很容易。"

所以，当我们真心地去欣赏孩子，就一定能发现闪光点，用我们的语言诚恳地去描述这些闪光点，并且让他们知道这些闪光点带给我们的感受，孩子能体会到我们的真诚，与我们变得更加亲密，我们带给他们的称赞也就能真正激励他们。

具体而真诚是激发孩子内部动机的基础，而在称赞过程中能否恰当地运用“成长型思维模式”对孩子进行鼓励，将决定着孩子在今后的人生中能否获得持续的自信与进步。

“你是努力的”而不是“你是聪明的”

如果成人认为一个人的能力是固定的，那么，他们对孩子的学业能力的评价就会影响孩子的自我评价。儿童经常会听取重要的人对自己的评价，他们的表现也逐渐符合这种评价。所以父母在应该运用何种称赞模式这个问题上必须重视起来。

比如说，孩子一次考试考得好，我们可以称赞他：“你这次考得不错，因为你之前准备得很充分，而且你考试的时候很仔细，你看，一些容易马虎的地方你都做对了！”这些因素——充分做准备、仔细，都是孩子可以控制的。下一次考试，他还会继续努力这么做。

这种评价方式，心理学家称为“成长型思维模式”（growth mindset），促使孩子把好的结果归因为自己的努力、仔细等可以控制的因素。经常这么评价，孩子也逐渐会用成长型思维模式来评价自己。在他考得不理想的时候，也就不怕妈妈给他指出来：你看，这次考得不理想是因为你这个地方理解得不够，或者那个地方没学透。把这些漏洞补上，就没有问题了。孩子就会努力去加强知识薄弱的地方。

相反，不要这样称赞："考得真不错，我就知道你很聪明！"因为聪明、天分、运气这些因素是人自己无法控制的。

这种评价方式，心理学家称为"固定型思维模式"（fixed mindset），会促使孩子把好的结果归因为天分、运气等无法控制的因素。经常这么评价，孩子也会形成固定型思维模式。如果他考得不理想，就会特别泄气：那是因为我笨，这方面内容我就是学不好；或者，我运气不好，老师偏偏考到我不擅长的地方。这样，孩子的能动性就丧失了。

以德韦克为首的心理学家进行了一系列的实验，他们发现，经常被固定型思维模式称赞的孩子更加注重事情的结果，不愿意挑战自己；而经常被成长型思维模式称赞的孩子更加注重事情的过程，愿意接受挑战，愿意尽自己最大的努力。

比如，两组儿童完成一个拼图测试。他们分别得到"你是聪明的"和"你是努力的"不同的称赞。接下来，他们可以自选一组更容易的拼图或者更难的拼图。前一组的孩子大部分选更容易的，因为他们想保持"我是聪明的"形象；而后一组，大部分选更难的，想继续挑战自己。

即使对学龄前儿童，我们也可以培养他们的成长型思维模式。

一个孩子某一天画了一条鱼，奶奶夸她："哦，宝宝，你画的鱼太逼真了。你真是个小天才啊。"第二天有阿姨来家里做客，奶奶说："我家宝宝画画可好啦。宝宝，你画个苹果给阿姨看看。"这个宝宝十有八九不愿意画。为什么啊？我画鱼能画得好，但苹果还没画过，很可能画不好。如果我画得不好，我就不再是画画小天才了。所以他们关注的是最终结果，关注的是自己固定的能力。

同样，宝宝画了一条鱼，奶奶夸她："宝宝，你这条鱼画得很逼真啊。你看，你画了鱼鳞，还画了鱼头上的须。你画画的时候是不是很仔细地想了鱼是什么样子的？你观察得很仔细。"第二天奶奶说，你画只蝴蝶吧，宝宝十有八九会愿意画，因为，她会仔细观察，她会想，蝴蝶有什么特点呢？有翅膀，它还是彩色的。当孩子这么思考的时候，她不觉得这是一件难事，而且她觉得自己多半还是可以画得好。即使画得不好又能怎么样呢？继续学习就好了。所以，有着成长型思维模式的孩子自信心没那么脆弱。他们相信持续学习，他们的能力也能持续进步。

所以我们称赞孩子，方式很重要。父母必须具备成长型思维模式，需要注重过程而不是结果。即使孩子一次考试没考好，一次比赛没获胜，我们仍可以从中找到孩子的闪光点，鼓励孩子不气馁，看到自己做得好的地方，去弥补做得不够的地方，只有这样才会点点滴滴地持续进步，并最终建立强大的自信心来面对以后人生中的各种困难和挫折。

称赞的最终目标是让孩子建立全面的自信心

孩子的自信心来源于哪里？他们的自信来自和他们的生活

息息相关的体验和实践。通过做一些事情，通过体验一些事情，他们逐步建立起能力感（sense of competence）。有些孩子做不成一些事，是因为很多时候他们对“我能做什么”不清楚。如果很清楚自己能干什么，他们不仅会在能力范围之内做事，有时候也会稍微超出能力范围一点点去做尝试和努力，接受一些挑战。

自信心的建立和自我概念的发展是分不开的。自我概念的发展是逐步的过程，两三岁的孩子会这样描述自我：“我叫宝宝。”“我有一辆红色的卡车。”“我会刷牙。”他们认识到自己的一些可以观察到的外貌、名字、拥有的玩具、会做的事情，逐步到自己的爱好和态度。三四岁的孩子会说：“我喜欢画画，我画画很好。”“我讲故事很好。”五岁的孩子还会描述自己的个性，比如“我很友好”，“我爱帮助别人”。自我概念指的是他们对自己在特定领域内的评价。而自信心则比自我概念更广，包括特定领域的评价，并对自己有个总体的评价，有价值感。

在幼儿期间，自信心强对孩子的主动性起到重要的作用，能够促使他们敢于尝试新事物，掌握各种各样的技能。幼儿做一些事情有时候很笨拙，如果爸爸妈妈不让他们做或者经常批评他们做得不好，就会伤害他们的价值感；他们需要温和的鼓励和一些合适的任务。所以父母不要过度保护孩子，让他们在年幼的时候干一些力所能及的事情，在保证安全的前提下让他们尝试一些挑战，帮助他们建立起能力感，对自己能干什么、不能干什么有个基本的感觉，并且给予他们一定的称赞，将有助于提升他们的自信心。在这个过程中，要注意自信心的建立必须是全面的、整体的，而不能过于偏颇。

在幼儿时期，因为他们对困难估计不足，对任务整体认识不足，他们常常会产生过高的自信。比如，大宝 5 岁的时候在足球队踢球，一场比赛进了三个球，他完全忽视有些队员只有 4 岁，立刻大声宣布："妈妈，妈妈，我是足球明星！"这种时候，父母的恰当评价就显得很重要了。

我们一方面鼓励他们建立自信，另一方面也要注意，不能过于关注他们在某一方面的成绩。有些孩子在某些特定的活动中表现得比较好，得到的称赞比较多，他们往往会建立起对自己在特定领域的信心。这种特定的信心有时候是有害的。

比如一个七八岁的孩子能背《百家姓》，人见人夸，他在这方面就非常有信心，相比背《百家姓》这件事，其他的事情他并不关注或者他的父母也没有关注，大家把焦点都放在了"背《百家姓》"这件事情上。某一天当他在这方面表现不够好的时候，对他自信的打击是非常大的。因为这是他自信的唯一支撑和证据。他的这种自信无法迁移到别的活动上、别的领域里。也就是说，父母没有帮助他建立起全面的信心。有着全面信心的孩子，如果一个方面没有达到理想，也没有关系，他会想自己其他方面也很好。因为他的自信可以迁移到其他方面，所以这对他整体自信的打击就没那么大。

我家大宝在学校里一向很受老师的喜爱，他数学突出，小朋友给他起外号，有叫他"计算器"的，有叫他"数学巫师"

的。他也一向认为自己喜欢数学，而且数学特别好。二年级学期结束，他们老师搞了一个颁奖会，奖状是老师自制的。每个小朋友都得了一个很独特的奖，比如甜心奖、乐于助人奖、幽默奖等。大家都很开心地领了奖。大宝拿的是最佳讲故事奖。他拿到奖不太高兴，说："这不是我想象中该拿的奖。"我乐了，拿到奖还有不乐意的哪，我说："那你想象中应该拿什么奖啊？"他说："我觉得得和学习、数学之类有关的吧。"他去跟老师提意见。老师很耐心地抱住他说："我之所以给你这个奖，是因为你每次告诉我一件事情都让我觉得，你讲得太好了。你讲的每一件事都让我觉得很神奇，我太喜欢了！"

回家的路上我跟大宝说："你数学好这些大家都知道，不稀奇。老师给你这个奖才说明她有一双会发现的眼睛。她发现你除了数学好，讲故事也很厉害呢，她发现了你的另一个长项呀，这是多么美妙的事情。她不说，说不定你都还没意识到吧。你还有很多很多长项呢，我们等着老师慢慢去发现！"他这么想想，也对啊，就变得很开心了。

这件事情我很感激老师。如果一味强调孩子的某一个长项，可能会让他过于专注于这一项，他的自信可能也会过于依赖这一项。如果他的自信只来源于这一项，这样的信心在遭受挫折的时候就容易被动摇，而且这样的信心也不能迁移到别的方面。而老师的做法正是帮助他避免建立特定的自信，看到自己越来越多的长处，建立起全面的信心，这样的信心才会转化为对自己的一个整体的价值感。

所以，作为父母，我们要学会具体诚恳地称赞，学会正视孩子成长中的失败，以成长型的思维模式来对孩子的学业和生活中的成功和失败，做出恰当的评价。而这些最终都是为了帮助孩子建立全面的自信心，让他能够更好地面对今后的人生，所以在这个过程中，父母也应该警惕单一的某一方面的称赞，要帮助孩子挖掘更多的自我认同感。

『实战』TIPS

称赞是一项“技术活”

看起来，称赞孩子也不是简单的事，可称得上是一项“技术活”呢。那我就来支一两招，希望能帮到困惑的爸爸妈妈们。

Tip1：称赞有“成长型思维模式”的孩子无须拘泥形式

很多父母看了德韦克的研究，觉得一定要夸孩子努力，不能夸孩子聪明。于是，很多父母夸孩子的时候总是拘泥于一定的句式，而且有些父母担心：“如果孩子确实聪明，他不怎么努力就考好了，我再夸努力，显得不真实，也可能会误导他。”称赞孩子，一定不要拘泥于什么句式，否则就会显得不真实。

美国心理学家所说的“努力”（effort）不是中文里面的“刻苦”“用功”的意思，而是体现了重视过程而非结果的一种思路，即在这件事情里，你付出了什么。在完成这件事情的时候，你很专注，你一直保持着热情和兴趣，你能积极跟别人合作等，这所有的“付出”就是“努力”。所以无论他是否轻松做到，是否最后成功，我们都可以去称赞他在这个过程里的付出，让孩子知道我们对他的欣赏和情感，这才是激励孩子的动力。

还有很多人认为，聪明、帅、漂亮，这些都不是孩子的功劳，都是遗传的，所以一律都不能夸，夸了会让孩子骄傲，就不努力了。我认为，这样的担心没有必要，关键不在于是否称赞孩子聪明，而在于是否改变孩子的思维模式，即我前文提到的“成长型思维模式”。

大宝一年级的时候，有一天回家说：“妈妈，今天老师说我实在太棒了，不需要上一年级的数学，以后会有另外一个老师来给我上高年级的数学课。”我听到后心里咯噔一下，心想：“老师你怎么能这么说呢？万一他觉得自己聪明沾沾自喜，不好好学了呢？”后来我观察了一段时间，发现他非但没有不好好学，反而对数学越来越热爱，而且他也没有因为数学突出受到同学赞扬而沾沾自喜。

有一天他说：“妈妈，我以后要去上哈佛。”我问：“为什么啊？”他说：“聪明的孩子都去上哈佛。”我哈哈大笑：“那全世界那么多聪明的孩子呢，只有一个哈佛，不是每个聪明的孩子都能去哈佛。”他若有所思：“嗯，如果想去哈佛，我必须努力学习。我每年都需要争取进入天才小组。”我说：“那你就好好努力吧。”

通过这些对话，我发现，有成长型思维模式的孩子会认为：“是的，我很聪明，但是，如果我不努力的话，我将浪费我的天分，将来一事无成。所以，我的付出依然很重要。”这样的孩子，根本不会在周围人夸他聪明的时候沾沾自喜而迷失方向。

Tip2：用心观察、真心欣赏孩子，给他适量适当的称赞

任何事情都必须适度而不能泛滥，称赞也是如此，一定要非常小心、适度。我们并不需要时时刻刻称赞孩子。事实上，很多时候，在关系默契的家庭，一个赞赏的眼神、一个心领神会的微微点头、一个小手势，胜过千言万语。珍惜我们的口头称赞，让孩子自己去体验自我满足感。

有时候可以是客观的描述，简短不加判断的陈述：“我觉得你在这个作业上花了很多功夫啊。”让孩子知道你很关心他的努力和他的收获就可以了。或者可以问一些问题：“今天的比赛，你感觉你做得怎么样？”允许孩子自己去反思和决定他对自己的收获是怎么想的，怎么感受的，逐步引导他对“自己的努力所带来的成功”这样的概念进行内化。

我和我家孩子往往不需要太多语言。有时候一个亲吻，有时候一次击掌，有时候偷偷晃一下大拇指，示意他们我看到了，我就会发现他们的脸亮了起来。

所以，真正的赏识教育，应该建立在父母和孩子都具

备成长型思维模式的基础上。父母用心观察孩子，真心欣赏孩子，尊重和理解孩子的感受和需要，称赞其实是很自然的情感表达，不需要一定的形式。在这样的环境下长大的孩子，怎么可能患“称赞依赖病”呢？怎么可能仅仅为了得到他人的几句称赞而去迎合别人呢？怎么可能为了别人几句称赞而沾沾自喜不努力了呢？这样的孩子能真切地感受到来自父母的情感和欣赏，会被持续激发内部动力，而更加努力。

所以，称赞有方法，父母们不必过分担忧和焦虑，给孩子更多的爱与真诚，让他明白成败只是结果，过程的付出和收获是更美妙的事情，相信，你的孩子一定会收获更多的成长，并健康地长大。

第 9 章

孩子会越挫越勇吗？

父母在孩子碰到困难的时候，要给予他们情感上、认知上、思维方式上的全方位支持，不让孩子去打毫无准备的仗。通过父母的支持、引导，形成抗挫折能力，让父母的爱成为孩子坚强意志的后盾，这才是挫折教育的核心。

“我妈是挫折教育的坚定实施者，这也是她 30 多年来一直津津乐道的育儿良方。她的所谓挫折教育就是人为给孩子制造些障碍，严厉对待，极少表扬和肯定，永远在批判孩子。这就是我这 30 多年一直饱受心理折磨，做不到自我肯定，对自己极其没自信的根源所在。”

一位新妈妈向我讲述了她所经历的“挫折教育”，并想走出过去的阴影，不想再这样对待自己的孩子。但同时又很迷茫，不知道怎么培养孩子坚韧不拔的品格。

很多父母觉得现在的孩子不能吃苦，不能承受失败，所以要多给孩子挫折教育。毋庸讳言，我们希望孩子在面对困难时能表现出坚韧不拔的品格，但通过什么来培养这种品格却值得探讨。

有些父母认为，挫折教育就是在孩子碰到困难的时候，让他们自己面对和解决，希望借此培养他们的抗挫折能力；更有些父母故意制造困难或者送孩子去吃苦夏令营等，试图用这些机会让孩子提高抗挫折能力。可是，这些所谓的“挫折教育”，效果多数都不尽如人意。

要解开困惑，首先要在观念层面确认一个问题：你希望孩子在挫折中收获什么呢？ 即，我们想通过挫折教育达到什么目标，培养孩子什么能力呢？

从我们的教育目标出发，挫折教育的目标其实就是培养孩子的抗挫折能力。当孩子面对挫折的时候，能够不被打倒，能够像弹簧一样，被压下去，还能反弹回来。这就是我们常说的韧性、百折不挠的品格。西点军校的一项研究表明，一个人能否在一个艰苦的课程中坚持下去，和他们的身体素质、领导力、智商等关系不大，和百折不挠的品格关系最大。

为了培养孩子的抗挫折能力，就必须让孩子独自面对吗？很多父母没有意识到自己在孩子面对挫折时的重要作用，而这正是挫折教育的核心问题。

真正的挫折教育，不是制造挫折而是一同面对挫折

怎么培养孩子的抗挫折能力呢？挫折教育的核心是什么呢？挫折教育的核心应该是父母的全面支持。

父母在孩子碰到困难的时候，给予他们情感上、认知上、

思维方式上的全方位支持，不让孩子去打毫无准备的仗，通过父母的支持、引导，形成抗挫折能力。这才是挫折教育的核心。我想不到还有什么比这更重要。

而在现实中我们观察到的却是什么现象呢？很多父母看不到孩子面临的挫折，他们会说，这种鸡毛蒜皮的事哪能算挫折？比如，对于4岁的孩子来说，正在玩的球滚到沙发下面自己却拿不出来，这是挫折。对于4岁的孩子来说，丢了一块心爱的橡皮，这就是挫折。并不是轰轰烈烈的事才是挫折，对小朋友来说，父母眼里鸡毛蒜皮的小事都可能是挫折。

我们根本不用费尽心机地去发现，或者煞费苦心地创造挫折教育的机会，因为孩子的生活里，其实处处充满着这种机会，需要我们能抓住转瞬即逝的教育机会。同样的事情，对一个家庭来说，也许是一个培养孩子抗挫折能力的机会；而对另一个家庭来说，却可能导致孩子折断翅膀，看不见光明。

所以说，真正的挫折教育，并不是我们给孩子制造挫折，而是陪伴孩子面对挫折，最终陪着孩子走出挫折。当然这是一个长期的过程，我们要根据孩子的年龄、能力、个性等，从全面支持到逐步放手，最终实现挫折教育的目标。想象我们给孩子的支持是一个脚手架，最初在孩子的幼年，我们给他们全力支持，然后根据他们的进步和能力，慢慢地撤掉一些帮助，慢慢放手，最后他们就不再需要脚手架了。

可见父母的支持对孩子在挫折中的积极成长意义重大，不过，可能有的父母又会有新的疑问，一定要给予孩子支持吗？

这样会不会让他产生依赖，而无法独立呢？会不会让他永远都学不会自己面对挫折呢？

面对挫折，孩子为什么需要父母的全方位支持？

孩子的发展是一个渐进的过程，他们的认识和情绪发展的规律决定了一个事实：父母的支持是必不可少，且极为重要的。

父母的支持帮助孩子更好地适应未来社会

很多人会说，现在的孩子抗挫折能力太差，因为家里人太宠。溺爱和过度保护导致他们无法面对挫折，容易害怕、逃避甚至崩溃。如果我们由着他们去经受风雨，是不是他们就能自动地提高抗挫折能力呢？

我的回答是否定的。如果父母没有帮助孩子在认知上准备好，没有在疏导情绪方面准备好，就好像是让孩子去打一场毫无准备的仗，让他们毫无防备地经受挫折，这样反而会严重挫伤他们的信心，体验不到成就感。

愈挫愈勇，对于认知发展成熟的成人是可行的，因为成人具备自我调节情绪的能力，很多成人在无数次失败之后终于获得了成功。不过小朋友不一样，他们对自己的能力认识不足，也无法客观评价目标和困难，更无法自己疏导情绪。如果经常实现不了目标，又无法开导自己，会让他们对自己的能力产生怀疑，很可能造成“习得性无助”。习得性无助是因为反复的失败而形成的一种对现实的无望和无可奈何的心态。积极心理学的创始人塞利格曼提出了这个概念。他认为，反复经历失败，得不到帮助，只会让人放弃努力，对自身产生怀疑，而乐观也是可以学习的行为。我们要让孩子增强抗挫折的能力，是要让孩子学习到乐观，而不是无助。

这是挫折教育需要父母全方位支持的第一个原因。在孩子碰到困难的时候，父母袖手旁观，不给予支持和帮助，让孩子在情感上处于孤立无援的境地，不仅不能激发孩子解决问题的斗志，还会影响亲子关系。即使是成人，在有困难的时候也希望能够得到他人的理解和帮助，更何况孩子？

缺乏父母支持的所谓的挫折教育，都不是真正意义上的挫折教育，事实上，那种冷漠的挫折教育，和他们的教育初衷是南辕北辙的。孩子不仅不能发展积极乐观的心态，反而对自己没有信心。这不是在培养孩子的抗挫折能力，而是在破坏孩子对父母的信任。

不仅仅婴幼儿需要父母的支持和爱，青少年也同样需要。最近很多研究都表明，有着亲密关系的人更快乐。这个亲密关系包括和父母的关系。青少年变得越来越独立的同时，如果能把父母当成是亲密的港湾，从父母那里获得支持，对他们的健康成长更为有利。数据显示，和父母关系良好的青少年，和同伴的社交更好，更有能力调节自己的情绪，心理也更健康。所以说，无论婴幼儿也好，青少年也好，当孩子碰到困难的时候，他们都需要来自父母的支持。

大脑发育水平决定了孩子不具备独立面对挫折的能力

挫折教育的核心是父母全方位支持的另一个原因非常现实，那是由孩子的发展现状所决定的。当一个人面对挫折，也就是面临问题的时候，需要哪些能力帮助走出困境呢？他们必须能够清楚地认识困难，客观地评估自己的能力，分析自己的目标，有效地调整情绪，思考各种策略并根据目标和困难度调节策略，最后解决问题以达到目标。这些能力都属于大脑的高级功能——执行功能（executive function）。

我们来看小朋友的大脑发育。

儿童大脑各个部分的发育并不同时，比如负责情绪的杏仁核发育较早，而负责推理、决策、自我控制等的前额叶发育较晚，我们现在很清楚，前额叶的发展要到20岁出头才成熟。所以我们必须清楚孩子的发展特点，认识到他们在面对困难的时候，权衡利弊、调节情绪的能力不能和成人相提并论。因此在孩子面对挫折时，父母对他们的决策能力要有现实的期待，对他们的情绪调节能力也要有合理的期待。如果父母把困难丢给孩子不管不顾，冷眼旁观，之后还痛心疾首地批评孩子抗挫折能力差，这其实是没有认识到孩子的发展现状，错怪孩子了。

面对挫折，父母应该怎样支持孩子？

给孩子情感上的支持：认同、疏导情绪

当孩子遇到挫折，父母首先必须在情感上给予支持。在遇到困难或者出错的时候，谁都难免会难过、沮丧。所以父母应该在情感上理解孩子，而不是一味指责或者完全消极。下面的四种情景相信很多父母都遇到过，是很多父母的挫折教育中常见的误区——

情景一：在孩子失败的时候指责孩子，这对孩子来说并无帮助，只会让他们在负面情绪里越陷越深，对自己丧失信心。“你看，你这10分都是因为粗心扣掉了，不粗心不就好了吗？”孩子自己肯定知道是粗心才丢分的，这样的指责并没有帮助他们解决以后怎样才能“不粗心”。

情景二：故意对结果轻描淡写：“没关系，输赢不要紧。”“没考好，没关系。”问题是，不是说一句没关系就没关系了，对不对？孩子可能会觉得，你说没关系，可是你自己好像也不是很开心，他们会觉得父母心口不一。这样做不能疏导孩子的情绪，也无法帮助他们学会面对自己真实的情绪。

情景三：在孩子表现好的时候，会不由自主地有很多表达爱的行为，比如和孩子一起庆祝，给孩子买东西；而

在孩子表现不太好的时候却和孩子一起生气、伤心。这样的对比，会使孩子觉得，我只有在表现好的时候，才能得到父母的爱；而当我表现不好的时候，只感受到来自父母的消极情绪，所以他们往往变得不那么自信，害怕失败。因为对他们来说，父母的爱是有条件的。

情景四：在孩子失望时千方百计取悦孩子，比如孩子球赛输了，他甚至还没来得及好好体会失败的滋味，爸爸就赶快说，走走，我们去买冰激凌吧！孩子的注意力转移了，看上去爸爸成功地转移了孩子的情绪，却不知他也剥夺了孩子在遭遇挫折时面对自己的真实感受、处理自己感受的机会。有的孩子上大学了还没有办法面对困难，没有学会调整自己的情绪。

这些都不是真正的情感上的支持。吉姆·泰勒是一位做儿童和青少年心理咨询的咨询师，有20多年从业经验，他的书里面就说，如果父母过度地保护孩子，千方百计取悦孩子，那他就没有机会去学习处理各种情感了。

父母在情感上的支持，就是让孩子感受到“不管你有没有达到目标，爸爸妈妈都是爱你的。当然我们希望你达到目标，不过人无完人，没有达到目标的时候，如果你需要帮助，我们可以随时帮助你”。这个不是说出来的，而是通过无数次小事做出来的。当孩子对父母产生信任，他并不一定每次都需要父母的帮助，但是，他从父母那里能获得安全感，他随时有一个安全基地。

并且，在孩子有负面情绪时，父母要学会认同这些情绪，不要让孩子因这些情绪感到惭愧。

有些父母会说：“什么了不起的事啊，值得你这么难过吗？”或者，“一个男孩子还哭，羞不羞啊？”否定孩子的感受并不能帮助他们真正排解情绪，反而会让孩子有“我有这些感受不应该”的羞愧感。情绪是一个人的主观体验，没有哪一个人可以霸道地替别人决定“你应该这样感受”。有时候我们指出孩子的情绪，目的是让他们明白在这种情况下，其他人也会有这样的感受，很正常。不过，也不需要每次都向孩子说出来：“哦，我理解你，你感到怎样怎样了。”有时候一个温暖的拥抱就可以让孩子明白我们的心意。

另外，父母还可以分享自己在碰到类似的挫折时有什么样的心情，是怎么走出来的。简单地说，在情感上支持孩子就是允许他们有情绪，并且帮他们学会真实面对自己的情绪，并以合适的方式宣泄出去。

给孩子情感支持是一个长期的过程。孩子会逐渐长大，逐渐学会表达和对待挫败感。面对小困难时帮助他逐步这样练习，慢慢地，他就学会了处理，即便将来遇到大的困难和挫折，他也有能力去面对。情感上的支持，用一句话来概括，就是要解决问题，先疏解情绪。

让孩子认识到失败和错误是人生的一部分

父母只在情感上表示支持有时候是不够的，特别是小孩子。因为，他们管理情绪的能力尚未发展完善，而且他们评估自己、评估事物、权衡利弊、决策的能力也远未成熟，需要成人的帮助和引导。

父母还需要在认知上给予孩子支持，让他们认识到，失败和错误是人生不可避免的一部分，失望和伤心也是我们经常经历的情感，关键是怎么去对待。怎么对待失败，父母的态度很重要。有研究表明，有些孩子害怕错误，害怕失败，往往是在5~9岁期间受父母的影响。如果父母害怕失败，那么孩子往往也害怕失败；如果父母经常让孩子完成一些他能力尚达不到的事情，孩子往往会惧怕失败。

对父母来说，首先我们要改变自己的观念和言行。我们常常不由自主地去纠正孩子的错误，一看到孩子做错了，就迫不及待地直接指出来。这里面传递了一个信息：错误是不好的事情，父母对错误无法容忍。孩子从中学习到：错误是可耻的，犯了错是可怕的。一旦对错误或者失败有这样的认知，就无法面对挫折和困难。

很多父母有这样的感觉：我的孩子怎么说不得？有个妈妈说，我的孩子5岁了，和小朋友一起写字时写错了，我告诉了他，他立刻把纸撕了。我告诉他不要泄气，重新来。他又把纸撕了。总是发生这样的事情，我应该怎么引导他，不再任由他发脾气?

其实5岁的孩子出现这样的情况很正常，也就是我说的，孩子正在遭遇挫折。这个时候恰恰是我们的教育时机，也是孩子的成长时机。

我的孩子5岁的时候也有这种情况。美国的孩子5岁开始上学前班，是义务教育的第一年。他做一些练习时如果写错了，我都不说你这里写错了，而是委婉地说，这里咱们再看一下，检查一下。他连这都接受不了，一听就跑了，真的是说不得。后来我换了一种说法，这个题目还挺有挑战性的，妈妈来做做看，你在这里看着，如果妈妈不会，你帮帮妈妈好不好?这样他就不跑了，看我读题做题。渐渐地他就明白了：哦，检查原来是这么回事，也没什么可怕的。所以他到6岁的时候会主动说：妈妈，我们来检查一下。

所以，父母在认知上要给孩子正确的引导，并给予宽容和理解，要让孩子知道我们对错误是怎么看的，态度是什么，这决定了他面对挫败的情绪和之后的行动。如果一个人认为错误不可饶恕，那他就很难从负面情绪中走出来，也很难有积极的行动；如果一个人认为错误不可怕，关键是从错误中学习还可以做些什么能取得进步，那么，他就能排解自己的负面情绪，并且有积极的行动。

培养孩子“解决问题”的思维方式

父母不仅要培养孩子学会逐步排解自己的情绪，不再害怕错误或者失败，还要培养他们养成“我需要解决问题”的思维方式。

孩子面临困难或者挑战，最终都需要解决问题，因此我们需要培养孩子解决问题的能力。如果孩子排解了情绪，在父母的鼓励下继续挑战，但对目标和自身能力没有做出正确评估，就不能解决问题，这很可能会导致屡战屡败，最终打击他们的信心。

父母可以提供给孩子不同的看问题的视角，让他们变通思路，不钻牛角尖。

比如，一个孩子参加数学比赛，进了地区决赛，但没有进入全国总决赛。不成熟的孩子会很崩溃，觉得自己不够好，很失败。成熟的孩子会想，虽然我没有进全国总决赛，但是我进入了地区决赛，还是有一定的实力的。然后，他还会思考自己的长项和弱点，及时弥补不足。刚开始孩子可能需要父母提醒，学会将注意力从“沉浸在自己的情绪里”转移到“思考怎么解决问题”。经过长期的潜移默化，孩子就能自己思考了。

凡事最终要落在“解决问题”上，这样的思维方式很重要。在孩子的生活里，不需要额外的挫折，他们有足够的各种不顺心：和别的小朋友没玩到一起；丢了心爱的橡皮；自己会的题目没做对，等等。很多成人眼里的小事，都是进行“如何应对挫折”的教育时机。可以让他们想一想：“我从这次经历中学到了什么？接下来，我怎么解决这个问题呢？”当孩子解决了问题，父母可以及时指出他们所做出的努力以及取得的成绩，让孩子获得成功的体验，并让他们明白成功需要哪些品质和行动。

要培养孩子应对挫折的能力，父母必须提供全方面的支持——情感支持、认知支持、思维方式的支持，在实际生活中，必须整合起来运用。孩子的发展是一个多因素互相交织的长期的过程，父母需要有敏锐的观察力以及整合能力。只有这样，孩子才能做好面对挫折的准备，具备应对挫折的勇气和策略，顺利渡过难关。

『实战』TIPS

父母的爱是孩子坚强意志的后盾

了解了挫折教育的目的和核心，以及父母支持的重要性，相信父母们对“挫折教育”已经有了全新的认识。你的爱是孩子锻炼坚强意志的后盾，所以作为父母一定要理解他们、包容他们，给他们支持和勇气去面对挫折。

以下的几点建议与你共享，希望你的孩子更加勇敢、坚强。

Tip1：孩子，你不必那么完美

每个孩子的个性有很大的差异，在进行挫折教育时也要区别对待。有的孩子可能更敏感一些，有的孩子可能更好强一些。当然这个问题的本质很可能是，他无法接受错误，他觉得错了是不好的事情，感到羞愧。这不见得一定是父母的影响，有些孩子比较追求完美，而且觉得父母和老师很了不起，他们都不会犯错。自己有一点点错，就无法容忍。这个时候，要破除孩子这种不必要的完美主义。

我家老大就有点儿完美主义。我有意无意地跟孩子说，我们都是普通人，是普通人难免会犯错，犯错了改过来就好了。比如我跟孩子念书，我念错一个单词，就不失时机地跟孩子说："对不起，妈妈念错了，现在改过来。"上钢琴课，老师偶尔也有口误，老师也很配合，说："哦，老师有时候也会出错。现在改过来就好了，不要紧。"慢慢地孩子就知道，出错没什么可怕的，关键是出错以后要改过来，从错误中学习。当他接受了这种观念，就能勇敢地去接受挑战。即使失败了也没有关系，因为他知道自己哪里需要改进。

Tip2：鼓励孩子说出感受

等孩子能够熟练运用语言的时候，我们还可以逐步通过语言和他们进行更多的交流，引导他们用自己的语言把感受表述出来。有研究表明，用语言表述情绪有助于孩子较快地从不安、生气等状态中恢复平静。

大宝在朋友家玩游戏，分数不如 12 岁的哥哥，他很生气，借故把沙发垫子全部扔地上了。我考虑到他的面子，把他拉到另一个房间。我首先对他的情绪表示理解：你觉得你分数不高，看得出你很不高兴。然后我告诉他，哥哥比你大 6 岁，他玩过很多次，自然比你玩得好。你才 6 岁，又是第一次玩，你的分数已经很好了。他还是很郁闷的样子。我接着说，我们要怎么表达自己的情绪呢？高兴的时候，你会高兴地跳起来，高兴地大笑；生气的时候，你怎么表达呢？扔沙发垫子、破坏东西的做法，不是好的表达方式。让我们来想想，有什么方法，既能表达你很生气，又不破坏东西？他想了一会儿，就在自己脑袋上画黑线，想象自己头上冒烟，然后又想象自己是愤怒的小鸟，把两个手指放在自己的眉毛上，假装生气得眉毛倒立。这么一来，他就笑了。当然，我还要帮他解决问题。我说，现在你的目标不就是想分数高些吗？但是把沙发垫子扔地上，肯定不能提高分数。你想想怎么办？他想了会儿，不好意思地说，那我让哥哥教教我。这样，他很快平复了心情，哥哥也很耐心地给他一些提示。

Tip3：认同情绪，给孩子适当的建议和鼓励

当孩子面对问题手足无措的时候，作为成人可能有很多便捷的方法来解决，但是对孩子来说或许每一次都是全

新的状况，让他们学会勇敢地自己去尝试并解决问题，也是他们理性地面对挫折的重要能力。当然，在这个过程中，父母首先要表达对孩子情绪的认同，之后可以充当“军师”，给出合理的参考建议让孩子去实践。

大宝 7 岁那年圣诞节，我们去度假。有一天，孩子们在游乐园玩。大宝玩到一个丢球的机器，大概出了故障，他刷了两次卡，结果都不能玩，里面的点数却扣掉了。他一下子急了，眼泪都迸出来了，跑过来跟我说：“妈妈！妈妈！那个机器吃了我 6 个点，可是我根本就没有玩到啊！太不公平啦！”

我差点儿脱口而出：“多大点儿事啊，妈妈再给你往卡里加点儿钱。”可我转念一想，好机会啊。于是，我摸摸他的头说：“大概机器出故障了，这种事情有时候会发生的。妈妈给你一个建议，你想听吗？”他擦了把泪点点头。我说：“你可以去找工作人员，跟他把情况好好说清楚，也许他会还给你 6 个点。你想试试看吗？”他看了看工作人员那边，有点儿扭捏。我鼓励他说：“你 7 岁了，能把话说清楚，你把情况说明白，看工作人员怎么解决，好吗？如果解决不了，你再回来找妈妈，妈妈再想办法。”他就去了，我要陪小宝没跟过去，爸爸远远站在他后面观望。片刻，他面有喜色地回来了。我问他怎么样，他说：“我跟工作人员说了情况，他就把 6 个点还到我卡上了。爸爸还给我卡上加了些点。”我说：“怎么样？碰到类似的情况，你哭也好，抱怨也好，都不能解决问题。只有想办法和别人沟通，才有解决问题的可能。也许不是每次都能解决，但是值得一试。你做出了很好的尝试，我太为你骄傲了，抱一下！”

最初我摸他的头，跟他说机器出故障的事情经常会发生，是对他情感的一种认同。当他的情绪得到安慰以后，我再说建议，他就能冷静下来听。最后解决了问题之后，我对他做了简短的总结。这个时候问题成功解决，他当然有好心情听。反过来，如果我在他流泪、大叫太不公平的时候跟他说，哭和抱怨没有用，你应该去跟人家沟通，他会认为，我不同情他，也不帮他，只是在说教。

认同孩子的情绪，并给予适当的鼓励和合适的建议，相信下一次他在遇到新的困难和挫折时，就会有更多可参考的经验，积极地解决问题。

第 10 章

要不要鼓励孩子争第一？

淡化不必要的竞争，正视不可避免的竞争，让孩子学会对过程的体悟，而不是对输赢的关注。帮助孩子学会以解决问题的思维面对竞争的失败，既不为失败自暴自弃，也不为成功沾沾自喜，并从中学会与他人的合作，这些对其未来的发展都有重要的意义。

时下有一种流行的说法，就是要培养孩子的竞争力。很多父母认为培养孩子的好胜心，鼓励孩子追求第一，帮他树立“我一定要赢”的信念，才能在当今这个充满竞争的社会立于不败之地。正因为如此，这些现象就屡见不鲜了：

“你看豆豆画画多棒啊！你要多向他学习。”

“你看明明的英语说得多好啊！你也要多练习。”

“今天吃饭，弟弟比哥哥快！”

“我们来比比，今天吃饭谁吃得多！”

……

我和孩子回国，也会遭遇亲戚询问：“大宝，你在学钢琴啊，考了几级了？你看，这是你的表哥，他在学打鼓，已经考了10级了，厉害不？”

很多人认为，这是在鼓励孩子竞争，激励孩子上进。殊不知，这样比较孩子，并不是激励，反而让孩子只关心“我和别人比是什么样子的”，而不关注我自己做事怎么样，我的能力本来是什么样的。这样的孩子，往往过于重视结果，在乎输赢，在没有拿第一的时候往往接受不了。所以越这样鼓励孩子竞争，孩子反而越胆怯，无法面对挑战；或者过于注重结果，失去了平常心，结果反而不好。

还有的父母经常拿自己孩子的短处和别的孩子的长处比，总觉得“别人家的孩子”比自己家的孩子好。孩子得到的信息是，他们永远无法让父母满意，永远无法像“别人家的孩子”那么完美，反而打击了自信，失去了进步的动力，甚至对别人产生嫉妒心理。

也有人说，我希望孩子自信，能看到自己的优点，这样他们在看到自己不如别人的时候能想开些，知道自己也有比人家好的地方。

有个妈妈为了自己的孩子能想开些，就找出各种理由。比如，老师夸某个小朋友吃饭快，孩子不高兴了，妈妈就安慰他，“没关系，她是女孩子吃饭第一，你是男孩子吃饭第一”，或者“她是5岁的第一，你是4岁半的第一”。总之，能找出各种理由来安慰孩子。可能妈妈会认为，这样做很好，能让小朋友慢慢明白各人有各人的好，人人都很好。不过幼儿接收的信息可能并非“各人有各人的好”，而更侧重于“我每次都应该第一”。总有一天，妈妈会找不到这样那样的理由和借口，那孩子会怎么样呢？事实上，找各种理由让孩子认为自己是第一的做法，让孩子失去了在面对各种情况，包括成功和失败的时候，锻炼评估自己、疏导自己情绪的机会，反而阻碍了他的成长。

毋庸置疑，将来的社会是全球竞争的社会，我们当然要让孩子做好准备。但是，怎么让孩子做好准备呢？首先父母要做到一点，即淡化不必要的比较。在这个理念的基础上，我们再来进一步探讨如何帮助孩子树立正确的竞争观念。

人生不是比赛，无须时刻比较

美国尊重个体差异，这往往让人误以为美国崇尚个人英雄主义。其实美国的幼儿教育并不像想的那样，鼓励个人主义和竞争；而是非常鼓励儿童的合作和分享，很少比较孩子。在孩子互相比较的时候，父母和老师都会对孩子进行行为和情绪上的引导，淡化不必要的比较。

美国是个移民国家，在幼儿园里，每个学期都有介绍各个国家或者文化的活动。小朋友从小接受的观念是，每个人都不一样，比如人有黑头发、金头发、棕头发，这没有孰优孰劣之分，只是个体差异，是自己的特点。所以他们比较容易接受："我和别人不一样，我是独一无二的，我有我的特点。每个人都有自己的特点，不要事事和人比较。"这样就化解了孩子眼中的"好"和"差"，引导他们尊重每个人的特点。

幼儿有时候会不由自主地和别人比，“我比你快，今天站在第一个当排头”。美国的幼儿教育不鼓励这种没有必要的“竞赛”，相反，老师会淡化幼儿之间的“比”。有时候孩子吃饭要比多少，老师会说：“你们的胃就好像一个小口袋，每个人的口袋大小不一样。吃饭不是比赛，而是为了让你们得到足够、均衡的营养。如果觉得自己的小口袋装满了，有足够的能量帮你们长大，就可以离开桌子了。不要比谁吃得多谁吃得少。”小朋友整理东西有时候也会比快慢。老师会说：“整理东西不是比赛，而是让我们的教室显得整洁。来看一看，我们把东西放整齐了没有？”

大家可以比较以下两种做法，看哪种做法更合适——

小朋友穿外套等着排队出去玩。老师给穿衣服快慢打分，分数最高的一组先出去玩。表面上，孩子们为了争取先出去玩，快点儿穿衣服排队。但是，时间长了，可能有动作慢的小朋友会被同一组的人埋怨；也有可能有的小朋友偷偷盼着别的组的人穿慢点儿。

另一个老师说，现在天冷，出去玩都要穿外套。如果你已经穿好外套，到老师这里来，老师看看你拉链拉好没，然后你就可以出去玩了。如果你需要帮助，你也可以到老师这里来。穿衣服是为了保暖，不是比赛。也许有的小朋友会稍微磨蹭一下，但是从长期来说，养成了习惯，事情就会越来越顺利。

我们应该让孩子明白，我们的生活、学习、人生不是比赛，吃饭是为了自身成长，整理东西是为了房间整洁。要潜移默化地引导孩子注重事情本身，注重过程，而不是把眼光放在别人身上，用别人的标准来要求自己。

人生不是比赛，不需要时时刻刻把孩子放到跑道上和别人比。有些比较根本毫无意义。我们倒是可以传递一种观念：每个人都是独特的，每个人都有自己的特点。要保持住自己的长处，并通过自己的努力弥补短处。只有这样，才能真正激发孩子内在的动力，令他持续主动地进步。

既然不必要的比较要淡化，那么，我们应该如何更科学地帮助孩子进行自我评估，并激励他取得更多的进步呢？这就需要来了解评价标准的问题。

正确评价的力量："对事不对人"

从儿童心理学的角度说，幼儿的特点是：通常不能准确地自我评估，对自我的认识相当一部分来自外部评价，比如父母、老师以及周围的人。老师和父母的评价内容和评价方式都会影响到孩子以后的自我评价。

如果父母和老师经常用"你和别人比是什么样子"来对孩子进行评估，那他们今后会以别人的成绩和能力作为标准来衡量自己。如果比别人好，他们可能会觉得很成功；如果没有别人好，可能会觉得自己很失败，甚至嫉妒别人。这样的"比"，不仅使父母看不清孩子的特点和潜力，也让孩子觉得迷茫，认不清自己。

比如小红和小乐年龄相仿，同时在一个老师那里学钢琴。学了一段时间，一起过了某个级别。老师通过这段时间的观察和了解，认为下次过级考试，小红可以跳几级，而小乐最好按部就班，因为两个孩子的能力确实存在差异。如果小乐的父母认识不到这一点，而是一味让小乐向小红学习，争取也跳级，那么这非但不能激励孩子，还会增加孩子的压力，让孩子因为达不到父母的要求而产生强烈的挫折感，甚至会自暴自弃或者嫉妒别人。所以，盲目地用别人孩子的成绩来“衡量”自己的孩子，忽视了对自己孩子的认知，并不能激发孩子进步。

这样的“比”，还有一个后果，就是孩子可能因为自己暂时领先而沾沾自喜。因为他评价自己的标准是别人。当他比别人好的时候，他为什么还要努力呢？所以，我们要让孩子认识到，知识的海洋是那么辽阔，人的潜力也远超我们的想象。我们需要让孩子有个宽阔的视野。

大宝现在是小学低年级学生，学业方面比较突出。我以前有点儿担心，怕他沾沾自喜，不好好学习。有一天聊天，我们讲到心理学做量表会使用“非常好、好、不错、差、很差”这些选项。大宝说：“嗯，我觉得我的数学不错。”我有点儿意外，以为他会说“非常好”。我问他：“为什么这么说呢？”他说：“你看，可汗学院里面有这么多技能，我现在只会一点点，要学的东西太多了！”那一刻，他给了我很多启发。我们必须注意对孩子内在动力的激发，以让他站在更高的视点。

幼儿之间不鼓励没有必要的比赛，不鼓励所谓的好胜心，不鼓励结果至上，而应关注做事情的本来目的和过程，让孩子关注自己可进步的空间。

有些人说，分数啊，成绩啊，排名啊，确实没有必要搞。而在行为品质方面，树立一个榜样，难道不是很好的事情吗？这是可以的，但是，我们要注意表达方式。

大家可以比较以下两种说法，看看哪一种比较合适。

第一种说法："乐乐这次作业做得非常整齐，大家都要向他学习。"

第二种说法："乐乐，你这次作业做得相当整齐，我想你付出了很大的努力，我很为你自豪。"

第一种说法，对人不对事，让大家学乐乐，把乐乐当标准。第二种说法，对事不对人，指出乐乐付出了努力，强调做事的过程。很明显用第二种方法来鼓励孩子比较好。因为这种表达方式指出了我们要学习的榜样不是某个人，而是某种行为或态度。

正视不可避免的竞争：关注过程而非结果

前面提到，在没有必要的时候要淡化"比较"。那在有比赛、无法避免竞争的时候，怎样引导孩子看待输赢呢？怎么疏导孩子的情绪呢？如果孩子在一场比赛中输了，非常沮丧，父母怎么安慰孩子呢？如果我们说“这次输了不要紧，下次努力点儿，肯定能赢”，是否就能激发孩子内在的动力？

美国小孩子有很多运动队，我的孩子 5 岁就去参加足球队、棒球队。目的并不在训练孩子掌握多少技巧，而是在这样的集体运动项目里，让孩子通过实践体会团队精神、策略的运用和团队协作等。刚开始，孩子们都想自己踢到球，并把球踢进球门，所以会从自己的队友那里抢球，如果没有抢到就不高兴，甚至还会哭起来。教练会反复强调，运动带给我们的应该是快乐的心情，大家是一个团队，集体荣誉是每个队员的。同时教给孩子们一些合作的策略。通过几个月的训练和比赛，孩子们渐渐明白了团队比赛不是个人出风头，慢慢学会了互相配合。当他们通过互相配合，最后把球踢进球门的时候，心中的喜悦难以言表。

竞争不仅仅要合作，还要学会尊重对手。这些品格在运动中也得到了培养。教练对孩子们在比赛中的行为很重视，比如你赢了或者输了这场比赛，你应该怎么对待你的对手。有一次比赛中，裁判把一个孩子带下来，说他因为球被对方截住，就推了别人并说了很难听的话。教练以这次比赛不准他上场作为惩罚。（小朋友一个队 10 个人，每次上场 5 个人，轮流踢。）因为这些都是事先说好的规则，所以这个孩子虽然很想参加比赛，但也只能接受他的行为造成的后果。比赛结束以后，教练总结说：“我们踢足球的目的是什么？体育精神是什么？尊重对手就等于尊重自己，我们怎么尊重对手？比赛赢了就扬扬得意，嘲笑对手；比赛输了就沮丧，讽刺对手，这些都不是体育精神。我们也不希望对手这样对待我们。”孩子们逐渐学会了做有风度的赢家和输家。

通过长期的体育运动，孩子们不仅锻炼了身体，更重要的是，开阔了思路和心胸。在这个过程中，教练和父母的鼓励和指导非常重要。他们以“重视过程而非结果”的方式评价每个孩子，告诉他们不管一场比赛是赢了还是输了，在其中获得运动的乐趣才是最重要的。然后教练总结每个孩子在这场比赛中的表现，具体到每个人这场做到了什么，比上次有哪些进步，接下来还要练习什么。孩子们逐渐明白，一场比赛输赢不要紧，关键在于每个人都付出了努力，在不断进步。这些具体的评价令孩子们发现了自身的闪光点，激发他们在今后的训练中不断获得进步，而不是以“赢”作为唯一目标。

这样的评价方式也会影响孩子在其他方面的自我评价，比如学习、考试。一次考试好坏不是最要紧的，关键是有没有付出努力，有没有获得进步，有没有从错误中学习和提高。这样，孩子就摆脱了以“输赢”和“我和别人比是好是坏”来评价自己，而是以“我的能力是什么，我能做到什么，我还有提高空间吗”来评价自己。这样的孩子不会嫉妒别人，而是会不断以“我能做到多好”来要求自己，有自我激励的能力。这个过程，其实就是调节情绪的过程。当有了新的目标以后，他们就不会沉浸在过去的失败情绪里了。

我们参加运动队不仅仅是为了运动本身，而是在这些情境中，父母和老师能不能抓住教育机会，这才是关键。父母和老师是怎么看待输赢的，将会影响孩子的态度；引导孩子客观评价自己，着眼点在过程而非结果，不以输赢论英雄；帮助孩子疏导情绪，允许他们以合适的方式表达情绪，并帮助他们重新评估目标以及讨论怎么实现目标；培养孩子和他人沟通和合作的能力。在团队运动中培养的这些能力和素质将会对孩子在学习、工作、生活等方面产生巨大而深远的影响。

而正视“不得不”的竞争，不仅要让孩子学会正确的自我评价和激励，从孩子未来发展来看，更重要的一点是在其中学会与他人的合作。

着眼未来：从竞争中学习合作

从小独占鳌头，以后不一定有竞争力。一个社会，一个公司乃至一个小项目，要顺利地运转下去，需要团队合作。很多美国公司或者高校在面试的时候，一个很重要的环节都是让来面试的人和几个同事吃饭聊天。这些同事会观察他是不是一个能共事的人。所以，从小培养孩子的人际沟通能力、与人合作能力非常重要。

美国的教育，或者说美国这个社会的价值观，确实是尊重个体。它尊重个体的兴趣、个体的特点，不限制表达自己的想法。但是，这并不意味着要培养独行侠，恰恰相反，它非常鼓励孩子之间的合作，鼓励他们学习人际交往的技巧。

大宝刚上幼儿园的时候，很受其他小朋友欢迎，经常有人找他玩。但是老师很细心地发现，他从来不主动找别人玩。如果别人不找他一起玩，他就自己看书或者做自己的事情。老师为了让他学习“主动发起同伴交往”的技能，每天他一到学校，就给他一个有趣的任务，这个任务至少要两个人合作才能完成，这样大宝就不得不主动去找别人合作。这样过了好几个星期，他开始主动找别人玩了。

大宝的小学有专门的行为指导课。老师利用木偶通过情景式的教学，让孩子了解社会规则，学习人际沟通的常识和技巧。往往越是成绩优秀的学生，老师越重视这方面的培养。大宝学习成绩比较超前，有段时间说数学太简单，不太爱上数学课。我和老师沟通，老师说已经和大宝商量过了，每天会给他特别的题目让他做。另外，会特别督促他和同伴一起完成一个学习任务。老师不会因为他成绩超前，就允许他自顾自超前学习。她会针对个体差异做一些调整，有时候给他单独上数学课，但仍然强调人际互动，强调和别人合作很重要。学期结束的时候，我找老师了解情况。她说，大宝在这方面有进步，原先有时候会拒绝和别人一起完成一个作业。现在，他懂得和别人合作，互相帮助，会尽快完成。

我非常感激老师能在这个方面培养他，因为这些能力和品格，对他将来的工作和生活会有巨大的帮助。

淡化不必要的竞争，正视不可避免的竞争，让孩子在其中领悟过程，而不是关注输赢。帮助孩子学会以解决问题的思维面对竞争的失败，既不为失败自暴自弃，也不为成功沾沾自喜，并且从中学会与他人合作，这些对其未来的发展都有重要意义。

「实战」TIPS

充满竞争的社会，无须屏蔽竞争

现在的社会确实是充满了竞争，我们当然要让孩子做好准备。有些父母会走向另一个极端，屏蔽一些“比”的影响。其实这也没有必要，孩子总归要面对真实的生活，我们不能做鸵鸟，而是要让他们有备无患。

Tip1：鼓励孩子自己和自己比较

前面的章节中我们曾讲到成长型思维模式，在竞争中也要让孩子学会用这种思维模式面对失败，激励自己进步。

今年夏天，我家两个小朋友第一次参加社区游泳队。以前，他们在私人教练那里学了一段时间，但从来没有参加过比赛。现在，适当竞争的好处一下子就显现出来了。经过两次比赛，他们知道了自己的差距，切身体会到了必须改进动作才能提高成绩。以前不比赛，他们还觉着自己游得挺好，教练让纠正姿势，因为没有迫切的需要，有时候就不认真听。一参加比赛就有了内部动机，自己想提高。教练纠正入水动作，两个孩子练得都很认真，教练走了还自己练一会儿。说来也巧，第二天比赛成绩就提高了两三秒，这下两个人特有成就感，练习的劲头也更足了。

当然，我们一直在用成长型思维模式，一直是自己和自己的纪录比。如果非要和第一名比，那肯定要崩溃。有的孩子是专业游泳队的，常年训练，我们肯定比不了。游泳队的教练也鼓励小朋友自己和自己比。每次比赛结束的第二天会回顾比赛，如果超过了自己的最好成绩，会发一个小奖品。这样，无论哪个水平的孩子都很受鼓舞。

所以，适当的竞争是有好处的。关键不是有没有竞争，而是孩子怎么看待竞争。用成长型思维，发现自己可提高的空间，并努力去提高，竞争就没什么坏处。

在未来的生活里，不管有没有竞争，孩子都应该学会客观地评估自己，评估目标和困难，并调整策略。当然，小孩子需要在我们的帮助下，慢慢学会自己调整。我觉得因为不当竞争产生的不良后果不是“竞争”的问题，而是我们没有帮助孩子建立成长型思维模式。

Tip2：让孩子学会面对现实，正确认识自己

竞争和合作是相辅相成的。我们要培养孩子正确认识自己、评估自己，培养他们和他人合作的能力，并学习管理自己的情绪，在遇到困难的时候不是抱怨，而是专注于想办法解决问题。

在这个过程中，父母们要注意一点，就是不要去粉饰现实或者故意设置障碍，而要让孩子对现实、对自己有个正确的认识。孩子能否正视现实并积极地做出反应，对他们的成长意义重大。前面提到在孩子面对竞争时要注重对其进行情绪引导，帮助他们对自己进行正确的评价，而情绪引导的核心就是引导孩子面对现实，认识自己的情绪，认同自己的情绪，最终解决问题从而疏导情绪。

Tip3：耐心等待孩子成长，培养孩子的综合能力

我们要注意孩子的年龄，什么年龄做什么事。幼儿对外部事物或他人的认识和评估、对目标的评估、对问题的解决等，都不成熟。过早让孩子关注竞争，关注输赢，往往会让孩子无法面对失败和挫折。这和我们要培养一个能够承受挫折的孩子的目标背道而驰。

竞争不可避免。从幼儿到青少年，我们应该面对孩子的成长，有足够的耐心。随着孩子心智成熟，逐步培养他们的竞争力。事实上，幼儿时代看起来不重视“竞争”的教育，孩子将来的“竞争力”可能反而更强。

当然，在这个过程中还应培养孩子团队合作、与人交往、调节情绪等能力，这些也都不可偏废。具备这样的能力，孩子在各个阶段碰到不同的困难，都能够比较有韧性和弹性，为他们未来的发展打下坚实的基础。

第 11 章

快乐成长就是让孩子时刻都快乐吗?

“快乐教育”更确切地说应该称为“获得快乐的教育”——它并不是让孩子一直快乐，而是让孩子学会如何获得快乐，这才是“快乐教育”的应有之义。重要的是，父母在孩子不快乐的时候要抓住机会，帮助孩子获得成长的能力。

现在很流行“快乐教育”的概念。很多父母从字面上理解，认为“爱孩子就要让他时时刻刻快乐”，甚至走向极端。他们喜欢“快乐”“自由”“放养”等字眼，对孩子没有要求，不为他们设立界限，甚至禁止他们学习。

一个朋友说看见小区一对婆媳吵架。起因是，婆婆带小孙子（两岁多）玩耍，看见楼前车位编号，无意间告诉孙子，久而久之孩子就认识了。儿媳发现以后却大发雷霆：孩子这么小，学什么学！不要这样，我要孩子开心地玩耍！

这样的偏见现在很流行，像上面提到的这位妈妈如此极端的父母也不在少数。很多父母觉得学习是痛苦的，就完全用自己的感受去代替宝宝的感受，坚决执行孩子在上小学前什么都不学。他们认为这才是快乐成长，才是对孩子好。殊不知，孩子天生有好奇心和学习能力，在生活中自然而然地探索和发现未知事物能给他们带来愉悦感以及成就感。走向极端的所谓快乐教育的后果是苦的。

有妈妈在网上发帖——自己一贯对孩子快乐教育，学前没有辅导任何认字和算术，结果上了小学跟不上，天天被老师差评，自己每晚都忍不住对孩子咆哮。还有的妈妈说，自己的孩子一直放养，让他自由自在地成长，结果到了小学三年级，依然无法适应小学生活，上课不专心，作业不做，就迷电子游戏。讲道理、打骂都没有用，怎么办？

这就是走偏了方向的快乐教育的苦果。孩子自然是不快乐的：他们在学校天天被老师差评，回家还要被妈妈骂，这日子简直没法过啊。父母显然也不快乐，以至于要吼叫，要打骂了。这个时候父母们怎么就忘记“快乐教育”了呢？他们在学校已经很不快乐了，回到家父母应该安慰他们，具体帮助他们解决问题，才能让他们有重新获得快乐、重新获得信心的勇气。父母是孩子的安全港湾啊。很多父母不知不觉中已经伤害了养育孩子的根本——亲子关系。在亲子关系不好的家庭中怎么指望孩子能快乐？快乐教育如果方向偏了，后果和父母的初衷完全背道而驰。

让孩子快乐成长是每个父母内心的美好愿望，但我们需要清醒地认识到，孩子的成长也必不可少地伴随着烦恼。如何看待孩子的快乐成长？我们必须要清楚：成长中没有绝对的快乐，而那些不快乐中往往蕴藏着重要的教育契机，所以父母不该盲目，更不应极端。

成长意味着变化，没有绝对的快乐

我们要承认，成长意味着变化，孩子必然要经历身体的变化、认知的变化、社会化以及情感的变化。发展心理学用这三个变化的过程来定义成长。这些变化是不可避免的，而且必然带来适应或者不适应。

举一个很常见的例子。孩子的身体发育有早有晚，有的孩子个子蹿得快，有的孩子却发育得晚。高个子的同学可能会取笑小个子的同学。如果小个子同学不太自信，看重别人的看法，父母又没有疏导，极有可能他面对身体发育的压力就大；如果小个子同学比较自信，又有自己的朋友圈，那么，他的压力就会小很多。

所以面对变化带来的压力，适应性的强弱决定了孩子是否快乐。有些孩子适应得好一点儿，他们的压力可能比适应差的孩子要少一些，快乐的可能性也就大一些。适应性的强弱取决于孩子自己的个性、同伴关系以及亲子关系。所以，亲子关系不是唯一的因素，而是其中一个重要的因素，决定了孩子面对变化带来的压力是否有良好的适应力。

我们要把眼光放长远一点儿，孩子不可能永远是小宝宝，永远生活在父母的羽翼之下。迪士尼电影《海底总动员》很多人都看过。尼莫的爸爸非常爱自己的孩子，他说："我不希望任何事情发生在他身上。"多莉说："你这个想法很奇怪，怎么可能任何事情都不发生在他身上？"是啊，我们无法阻挡时间和空间，细究起来，孩子的成长本身就可以算发生在他身上的一件事。

那么，尼莫爸爸的意思也许是，“我不希望任何不好的事情发生在他身上”。不过这也是不可能的。成长意味着变化的发生不可避免，即便父母也无法阻止，也无法永远给孩子创造一个保护圈。孩子是一个独立的个体，他们有自己的思想、判断和意志。孩子的成长就意味着离开父母的保护圈后，依然有自己的思考和判断，成为独立的人。而家庭，或者说父母，只是影响孩子发展的重要因素之一。

布朗芬布伦纳的生态系统理论认为，一个人的发展受到五大环境系统的直接或间接影响，包括微观系统（家庭、学校、同伴等）、中介系统（父母与学校的联系、学校和同伴的关系等）、外在系统（社区发展、医疗条件、媒体等）、宏观系统（文化传统、社会价值观等）和时间系统（时代的烙印）。而家庭是微观系统的其中一个组成部分，五大环境系统中的其他因素对一个人的发展都会起到直接或间接作用。因此，很多事情都不在家庭（即父母）的绝对掌控之中。从长远来看，父母所能做的并不是给孩子创造一个安全保护圈，而是努力给予孩子正面的积极的影响，以在一定程度上化解其他因素对孩子的成长造成的直接或间接的消极影响。

所以，成长就是适应变化，而父母对孩子的支持、亲情是帮助他们适应的良好力量源泉。成长既然面对变化，那就不可避免要面对挫折、伤心、害怕等种种情绪，那么这些负面情绪一定就会伤害孩子吗？

欢笑和泪水对一个人的成长同样重要

作为一个正常的人，应该体验各种情感。如果一个人只体验“快乐”一种情感，而从未体验过其他情感，那才是不正常的。

成长伴随着不同的情绪变化

很多父母希望自己的孩子整天快快乐乐，不愿意让他们体验伤心、挫折、羞愧等情绪，殊不知，情绪的发展是渐进的，而且即使是负面的情绪，对孩子的发展也很重要。

宝宝在人生的头几个月，只具有几种基本情绪：高兴、生气、伤心和害怕。

过了一年，18 个月大的宝宝情绪发展已经日渐丰富，而且他们发展出更高级的情绪，叫自我意识情绪，包括羞愧感、尴尬、内疚、嫉妒和自豪等。这些情感的出现和发展跟他们的道德发展息息相关，也会影响他们怎么看待目标、实现目标。父母在养育过程中要注意这些情感的发展。

2~6 岁期间，随着幼儿自我概念的发展，他们对父母的批评或者夸奖特别敏感，经常会体验自我意识情绪。良好的体验会促进自我概念的发展，反之，会伤害自我概念的发展。如果父母把孩子的表现和他们的价值感联系起来，经常做出暗含父母价值判断的评价，如“你不是好孩子！”“你怎么能这么做呢？好孩子都不这么做！”孩子就会体验到强烈的情绪，失败的时候会体验到更强烈的羞愧感，成功的时候会体验到更强烈的自豪感。

这些强烈的情绪会影响他们的自我评价，如果经常遭到父母的负面评价，他们会认定自己不是好孩子，从而对自己的表现无所谓或者故意和父母唱反调。如果父母的评价对事不对人，比如“你这次这么做了，想想看，以后还可以用别的方式吗”（这样的评价重点是以后怎么改进表现），这样的孩子往往能体会到合理适当的情绪，帮助他们客观评价自我，而且他们面对困难的时候会更加坚持，会想办法完成。

很多父母不愿意让宝宝体验羞愧感或者内疚感，担心这样会让宝宝以后有心理阴影。其实，大量研究发现，适度的内疚感可以让幼儿控制伤害别人的冲动。当他们做了错事，适度的内疚感会让他们想办法弥补过错。所以适度的内疚感实际上能帮助幼儿发展自我管理的能力以及人际交往的技能。幼儿需要体验各种情感，很难想象一个四五岁的幼儿从来没有体验过内疚或者羞愧，这对他们的人际关系发展和道德发展毫无益处。

适度的内疚能帮助孩子获得快乐

我们说在孩子成长过程中，各种情感体验都是有其重要的作用的，但是，在这个过程中，父母要注意培养孩子进行适度的情感表达，而不是强烈到能将人淹没的情感，所以我们要适度教养。帮助幼儿认识到自己和他人的情绪，当他们做错事的时候，指出他们的行为对他人可能产生的影响。

比如，“你在滑梯上推她，很可能会让她掉下去受伤”。这样可以让幼儿体验适度的内疚感，从而修正自己的行为。多项研究表明，指出行为后果，并指出正确行为以及告知实施正确行为的理由，有助于儿童同情心、同理心的发展。在这种情况下，他们通常比较合作，有礼貌，并且愿意弥补过失，从而学会面对和平复内疚感。这样的孩子往往比较快乐。

孩子们一起玩时确实会小打小闹，有时候并不是故意的。我家两个孩子闹矛盾，我会让他们想一想，你现在让大宝（或者小宝）不开心了，怎么样才能让他重新高兴起来？他们会想出各种办法：跟他分享自己最喜欢的玩具，跟他抱一下，给他擦擦泪，给他讲个笑话……他们在一定的情形下会体验适中的基于同理心的内疚感，也会通过行为调整平复内疚感，重新得到快乐的情绪。这样的孩子比较容易有快乐的心态。

吉诺特博士（Dr. Ginott）[①]说：“孩子的欢笑和泪水同等重要。情绪使一个人的人格高尚。人类之所以成为人类，就因为我们体验各种情绪，我们体验越深刻就越成为人类。我们作为父母，虽然不必刻意让孩子不快乐，但在孩子不快乐的时候，要引导这个事情成为孩子成长及解决问题的机会。”他还讲过

---

① 吉诺特博士是儿童心理学家，他的著作《孩子，把你的手给我》可以作为拓展阅读书目。他在世的时候，经常给父母开办讲座，教授父母怎么和孩子沟通，后来很多育儿书的理念都基于此。

一句令人深省的话："认真想一想，作为父母，我们的责任仅仅是为了让孩子高兴吗？不是，我们的责任是让孩子更好地长大成人。"

不快乐的时刻反而是珍贵的教育契机

了解了不快乐也是同样重要的情绪之后，我希望父母们能够意识到，其实那些不快乐的时刻反而是教育的珍贵契机，如果父母能够很好地利用起来，并引导孩子，将对他们的成长产生深远的影响。

生活就是酸甜苦辣，有快乐也有不快乐。孩子们也常常面对很多不快乐的时刻——

有一天在学校没有遵守餐厅纪律，又跑又跳，吃了个警告，不快乐。

有一次没有遵守操场安全规则，从最高的滑梯上跳下来，落地时脸擦到地，青了一块，不快乐。

足球比赛输了，非常不快乐。

有时候两兄弟为谁先洗澡争起来，也不快乐。

课间休息，没有玩到最喜欢的游戏，也不快乐……

不数不知道，一数吓一跳，原来他们生活中有这么多不快乐！

孩子生活中并不处处是鲜花和阳光，他们自然而然在生活中体验着酸甜苦辣各种滋味。我所理解的"快乐教育"不是小心翼翼让孩子每时每刻都感到快乐，而是要看父母在孩子不快乐的时候做了些什么，有没有抓住这样的机会，帮助孩子成长。

要是孩子没有遵守规则，告诉他们，不遵守规则有可能让自己或者别人受伤。比如，在食堂跑跳，如果地上有水或者果汁，容易滑倒，而且很多人端着盘子，容易撞到别人，甚至摔倒。所以，遵守规则是为了自己的安全，也是为了他人的安全。让他们体验适度的内疚感，并告知遵守规则的理由和重要性，他们往往会调整行为，那么，以后发生事故、发生不快乐的事情的可能性就小了。

要是和小朋友一起玩闹不愉快了，讲讲别人的心情，讲讲自己的心情，培养他们换位思考和理解他人的能力，以及自控力，来改善人际交往，这样以后和别人一起玩，快乐的可能性会越来越高。有一天我做饭的时候，两兄弟不知为什么吵起来了。我因为在做饭，没空过去，就听他们自己处理。一个孩子愤然道："如果我这么对你呢？你会是什么感受？你想想！"另一个孩子不作声。瞬间两兄弟又重归于好了。所以我经常提醒孩子考虑自己行为的后果，考虑别人的感受，讲了几年，还是有效果的。

虽然控制情绪的大脑皮层要到青少年晚期才发育成熟，但是，在生活中经常和孩子练习一些调节情绪的方式，能让孩子重新获得快乐。小孩子有时候表达情绪很困难，我就跟孩子说："看得出来你现在很生气！我觉得你生的气有西瓜那么大！"我拿手比画着，孩子就会被逗笑。如果他继续生气，过一会儿我说："我觉得你现在生的气好像小一点儿了，像苹果那么大。"孩子不会一直气下去。我就接着说："啊，现在你生的气就好像葡萄一样小了。"在这个过程中，孩子慢慢学会了表达自己的情绪。我们在挫折教育那一章也说过，当他开始用语言表达自己的情绪，就会慢慢学会调整情绪。

所以说，遭遇一些不快乐的时刻是很正常的事情，泪水和快乐对一个人的成长同样重要，关键是学会怎么对待它。父母恰恰可以抓住这些"不快乐"的时刻让孩子学习行为规则，学习思考，学习解决问题，学习调节自己的情绪。

我们常说成长的阵痛，成长是变化，必然带来适应的压力。作为父母，要关心孩子的感受，理解他们的变化，引导他们化解生活中的不快乐。只有这样，他们才有乐观的心态，以后自己寻求快乐的可能性才大得多。

看到这里，我想"快乐教育"更确切地说应该称为"获得快乐的教育"——它并不仅仅是让孩子一直快乐，永远没有不开心，而是让孩子学会如何获得快乐，这才是"快乐教育"的应有之义。

有人看到一只蝴蝶挣扎着想从蛹里脱离出来，他出于好心，帮蝴蝶剪开了蛹。没想到蝴蝶出来以后，翅膀却张不开，最后死了。其实，挣扎的过程正是蝴蝶需要的成长过程，你让它当时舒服了，未来它却没有力量去面对生命中更多的挑战。对待孩子也是一样的道理，如果你希望他们能展翅飞翔，那你就得忍受他们在蛹里挣扎的痛苦，让他们经历必要的成长体验，这样他们才能更适应未来的世界。

『实战』TIPS

让孩子快乐成长，应该着眼于未来

快乐成长，并不意味着眼前即刻的高兴。很多父母只看到孩子眼前是不是高兴，如果孩子眼前不高兴，就觉得自己做得不对，从而一味取悦孩子。我们应该把眼光放长远一些。快乐成长，应该着眼于未来，尊重儿童普遍的发展规律，观察和满足儿童自身的个性特点。获得尊重的孩子，他们的个性、兴趣、能力就能得到相应的发展，他们快乐的可能性更高，发展也会更好。

Tip1：父母不要以自己的感受代替孩子的感受

很多父母常常不由自主地以自己的感受代替孩子的感受，以至于出现了本章开头因噎废食的故事。曾经，很多人一提起“学习”就痛恨，就觉得是“逼迫”孩子，让他们不快乐。其实这是因为很多父母自己不爱学习，以前被“逼迫”过，就以自己的感受去代替孩子的感受，偏激地觉得学习必定不快乐。

小宝宝学习说话，学习爬行和走路，自由玩耍，没有人会觉得这是逼迫。其实这个过程就是学习，宝宝面对的是一个新世界，他们时时刻刻都在学习。谁会觉得这个学习过程不快乐？当他们爬着拿到自己喜欢的玩具，当他们清晰地表达自己的愿望，当他们想办法完成一个在大人看来毫不起眼的任务，他们是快乐的。所以，很多父母天天说“要让孩子快乐”，请一定要搞清楚，这里的快乐，究竟是谁的快乐，是孩子的快乐，还是父母以为的快乐。

Tip2：学习本身是快乐的，并伴随成就感

幼儿的学习不只是认字数数，也不只是坐在那里听讲、写字。我的两个孩子在学龄前“学习”了很多——了解当地一年四季的温度变化，认识当地的树种和树叶。在院子里捡树叶的时候，他们很快乐。消防车开到幼儿园来，消防队员讲解火灾发生时应该怎么办，讲解安全事项。他们在消防车里探索好快乐。

学习是快乐的，并伴随着成就感。当他们第一次系好鞋带，第一次拼出路标上的单词，第一次自己解决和同伴之间的争论，是多么有成就感！

从两岁开始，他们的自我概念飞速发展，喜欢自己做一些事情，成功地实现一些目标，这能帮他们建立良好的自我能力感。自我能力感对宝宝来说非常重要，让他们知道自己能干什么，不能干什么，所以他们喜欢干一些力所能及的事情，成功了会让他们更有信心。这是一个良性循环。

当他们越来越有信心，面对挑战的时候就不怕了，愿

意去尝试，失败了多试几次，而不会很快退缩，觉得自己没用。通过“我能干什么，我喜欢干什么，我擅长干什么”的认识过程，宝宝逐步建立自我概念。有了自我概念的宝宝更加快乐，做事、和人交往更加有信心。而经常被父母阻止“学习”的宝宝，很少有机会尝试做事，因为长辈认为他们做不好，干什么都干脆包办代替；或者偶尔宝宝想做一些事情，却没成功，比如绑鞋带很慢，拿水杯洒了水，这个时候长辈顺嘴就说，“你看看，就知道你干不好，来来来，我来做”，甚至说些侮辱性的话，比如“你真笨，笨手笨脚”，这会严重伤害宝宝自我能力感的建立。

想一想宝宝既不知道自己能干什么，也不知道自己不能干什么，如果干不好还老挨说，他当然不敢尝试新事物了。有些妈妈说自己的宝宝胆小，不敢尝试，要想想自己是怎么对待宝宝的。这样对待宝宝，损害了他们建立自我概念，导致他们自我怀疑：“我不知道自己能干什么；我也不知道我喜欢什么；我觉得自己没有价值。”这样的宝宝能快乐吗?

父母不要以自己的感受去代替宝宝的感受，他们天天接受新鲜事物，有着强烈的学习欲望，只要他们愿意，就让他们学，没什么不好的。如果他们天天指着停车位的数字，问这是什么，那为什么不告诉他们呢?让他们保持对大千世界的好奇心和兴趣，鼓励他们自己尝试，培养他们解决问题的能力、自理的能力，并尊重、理解他们的感受，这样的宝宝非但不会不快乐，反而经常体验到被尊重的快乐及实现目标、解决问题的快乐。

了解了什么样的快乐对孩子来说是真正的快乐，那么，父母们就必须正视一个问题，快乐的成长也是成长，凡是成长必然伴随着变化，而变化无论对儿童还是成人，都不可能是一个绝对快乐的过程。

Tip3：知道边界和规则的孩子更快乐

很多父母舍不得给孩子设安全边界，觉得限制孩子会让他很不快乐。这其实还是从成人的感受出发——认为被限制一定不快乐。但是，危险的事情是必须设置边界的，这一点不能随便妥协。所以，希望父母想清楚，宝宝快乐不快乐不在于有没有安全的边界，而在于父母怎么设立安全的边界。

宝宝拿着筷子在家里跑，我们要制止吗？当然要制止。那应该怎么制止？一把把筷子拿走，宝宝哇哇哭了，然后妈妈讲道理，这个不能玩，危险。宝宝还是哇哇哭，他不能预见到危险，而且，他觉得"妈妈把我的东西拿走了"，所以他还是要哭。有的妈妈嫌宝宝无理取闹，心烦就说他一顿。这样来设立安全边界宝宝可能不快乐。

我们可以换一种做法。妈妈蹲在他面前，看着他的眼睛说："拿着筷子不能跑。如果还要跑，就把筷子给妈妈，等不跑了再给你。如果你还要用筷子，请坐到椅子上去。

你是把筷子先给妈妈保管，还是回到椅子上？”在设立安全边界时让宝宝有一定的参与，让他们做一些简单的选择，这样他们不快乐的可能性就会减小。

我们前面讲过，成长是一个过程，在这个过程里，孩子慢慢离开父母的羽翼，自己思考，自己判断，自己处理各种人际关系。想象一下，一个宝宝从出生就被当成世界的中心，不懂得行为的边界，他会以为到哪里都应该是这样。从宝宝的发展过程来说，他们在婴儿时期是以自我为中心的——“大人都围着我转，满足我的需要”，婴幼儿的这种意识是正常的。这个时候，父母教养的作用在于慢慢让他们知道，他们不是世界的中心，别人也有需要，别人也有感受。慢慢引导他们理解他人的感受，遵守一定的社会规则，宝宝才会变成一个“社会人”，才会逐渐有“这个世界是有规则的，父母是有底线的”这样的意识，这是社会化的发展。这样的孩子，和别人相处会更愉快，因为他们更能通情达理。

比如，书店里面有火车桌，有托马斯火车和朋友们，小朋友都很喜欢玩。但是，不能因为自己的孩子喜欢就一直霸着，看到别的孩子想玩，而自己的孩子已经玩了一会儿了，我们可以跟孩子说：“托马斯大家都喜欢。如果别人一直拿着玩，不放手，那你是不是也玩不到了？你玩不到也会挺难过吧？你已经玩了好一会儿了，现在放在这里让别人玩，好吗？”

让孩子理解别人的情感和需要。如果孩子仍然不肯，就跟他说："这个玩具不是你的，是公共的，是大家轮流玩的。现在我要给你计时，你玩五分钟就一定要让别人玩。"让孩子明白玩公共的玩具是有一定规则的，他不是世界中心。对习惯父母百依百顺的孩子来说这是无法接受的，可能会大哭大闹。但是，对知道"世界有规则"的孩子来说，这是可以接受的。

我们发现，知道边界和规则的孩子其实更快乐。相反，没有边界的孩子经常会不快乐。在家父母百依百顺，出了家门他们会发现他们不再是世界中心了，想要的东西，很可能不能马上得到；想做的事情，也可能会不被允许。这些都是他们的挫折。他们在家里的经验和在外的经验发生了严重的冲突，这样的孩子能快乐吗？甚至他们会怀疑父母是否爱他们，因为父母让他们对这个世界毫无准备。

所以，具备与人交往的能力，能理解他人的情感，能遵守一定的社会规则，知道行为边界，这样的孩子反而更快乐。

Tip4：懂得感恩的孩子更快乐

每个孩子其实都有一颗赤子之心，他们会为一朵不起眼的小花而眼睛发亮，会为肥皂泡泡而欣喜蹦跳，会为父母的一个拥抱而快乐不已。保有这样的感恩之心，会让孩子更快乐，和父母的关系更好。

很多父母想不通，我们对孩子尽心尽力，他们不仅觉得理所当然，有时候还不满意。前面说到幼儿是以自我为中心的，他们需要机会学习理解他人的感受。这其中，首先要学会理解父母的感受，因为父母是他们朝夕相处的人。然而，作为父母，总是对孩子全力付出，不求回报。于是，即使我们很累，或者我们也有自己的需要，也不说出来，而是尽量去满足孩子。然而，事情的结局也许并不快乐。

比如，3 岁的孩子缠着妈妈，让她陪他一起玩。可是她实在很累，想休息一下。但她觉得如果拒绝宝宝，就不是一位“好母亲”。所以，她勉强陪着孩子，内心却一点儿都不愉快。由于自己的需求得不到满足，她觉得心烦意乱，并且有一种失落的感觉。然后呢，她可能会因为一点儿小事而借故发作。她会说：“你弹电子琴的声音太响，现在不许弹。”或者，“你看你，把铁轨弄得到处都是，快收拾好！不收拾好，明天不许你玩。”而孩子并不了解妈妈的感受，所以他既困惑又很受伤。总之，结局不会很愉快，所以，记住我们是普通人，有自己的感受，也有自己的限度。我们要正视自己的感受，尊重自己的限度，并及时和孩子沟通，这样才能做到互相理解，亲子关系也会变得更好。

有个学期，大宝每周四傍晚有活动。有一次没时间做晚饭，我就直接去店里买了寿司回家。大宝很爱吃。接下来那个周四，大宝放学回家就说："今天吃寿司吧？"我说："啊呀，你早上没告诉我你想吃寿司，而且今天正好妈妈下班早，已经做好饭了。今天就不吃寿司了。"大宝一心想吃寿司，带着哭腔说："我们上周四就是吃寿司，我觉得周四就是寿司夜啊！"我耐着性子说："爸爸妈妈下班很累了，不想再为寿司单跑一趟。好，我们现在就规定，周四是我们家的寿司夜，下周四我们一定吃寿司，好吗？"大宝平静下来，接受了我的意见。

这里要指出一点，因为之前我通常说话算话，所以他相信我，既然我这样说了，那以后周四就一定会是寿司夜。这样的互动模式不是一朝一夕就建立的。我们总是觉得实话告诉孩子我们的感受很困难，但是只要我们相信，他们通常也有一颗体贴父母的心，这样告诉他们实情就不那么困难了，也让他们了解爸爸妈妈不是超人。体贴、感恩就是这样慢慢养成的。这样的孩子更通情达理、更快乐。

有一天吃早饭的时候，大宝说："谢谢妈妈给我做面包。"通常我会说："不客气。"那天我说："我真高兴你这么说。"这个回答和平时不一样，大宝问："妈妈，你为什么很高兴呢？"我说："我很高兴你感激我的劳动，我真高兴你这么想。这就叫'爱'。"两个孩子纷纷过来拥抱了我。

在这里我传递了一个信息：妈妈是普通人，妈妈也需要鼓励，也需要被认可。很多时候，爱的教育就在这样的生活点滴当中实现了。慢慢地，他们就习惯了表达感激之心。我们回国，大宝小宝经常在吃饭的时候，放下筷子，抱住外婆或者奶奶，说："谢谢给我们做这么好吃的菜！"外婆和奶奶都开心得合不拢嘴。知道感恩，能够体贴大人感受的孩子更快乐，也令周围的人更快乐。

所以，父母可以适当地告诉孩子自己的感受。当然，整天和孩子诉苦或者抱怨，这不是我说的"在自己的感受和孩子的需求之间找到一个平衡点"。要注意适度，给孩子一些机会理解父母的感受，让他们有一颗感恩的心，并将这颗感恩的心慢慢地从家庭扩展到外面的世界。

人生总是在快乐和不快乐中起起伏伏。来自外部的、肤浅的快乐往往是短暂的，我们希望孩子能够自己产生源源不断的快乐。他们的快乐来自内在动力。不断有新的挑战并且能战胜挑战，这样的快乐是深刻的，激发起的动力是快乐不枯竭的源头。当他们有一天发现自己能拿得动牛奶桶，自己倒牛奶，他们会油然升起"我行"的能力感；当他们苦思冥想做出一道难题，轻易得到一个玩具的喜悦怎么能和此时的成就感相比；当他们付出汗水，不畏强手赢了一场比赛，此刻获得的信心和激励可能会持续整个赛季。然而，在获得这些巨大的快乐之前，他们有过打翻牛奶桶的沮丧，想不出答案的挫败感，输了比赛的痛苦……

他们究竟是快乐还是不快乐？这取决于父母、老师、教练在他们不快乐的时候怎么对待他们，关键是有着长远目光，着眼于未来，把“不快乐”的时刻看成是为即将到来的快乐做准备。

第12章

要求孩子“听话”会抹杀独立性吗？

“听话”并不意味着无条件顺从，而应该是培养孩子的倾听的能力，这对孩子的学习和社交能力至关重要。倾听和独立思考相结合，即我们所说的“听话”和“个性”并不互相矛盾，更多的时候，二者相互结合，才能促使孩子成为一个有社会规范的独立个体。

以前，父母都希望孩子听话，觉得不听话就不是好孩子。现在很多老一辈的人依然这么想。

后来，受到媒体宣扬的“自由”“快乐”等影响，父母觉得要求孩子听话，就是抹杀孩子的个性。于是，他们把孩子成长中的一些问题，比如没有主见、没有见解、没有独立性等都归因于要求孩子听话。

“听话”不好，那么，什么才是好呢？很多人秉承“非此即彼”的思路，他们很自然地认为，“听话”不好，那么，听话的反面“不听话”就应该是好的。于是，他们走向另一个极端，纵容孩子，认为孩子不听话、没有礼貌、不守规则就是孩子个性的体现，要保护他们的“天性”，而最后的结果往往影响了孩子的健康成长。

这一章，我们要把一些关系和概念理清楚。

一些父母要求孩子“听话”，其含义是，要求孩子无条件顺从，这样的“听话”是我们所反对的。这样做的后果是，有些孩子大了确实会没有主见、独立性差，但也有些孩子大了更加叛逆，特别坚持自己的意见。不过，如果认为孩子“不听话”就能避免这些问题，那就是矫枉过正了。无条件顺从的“听话”对孩子的发展不利，这一点是对的。但是，它的对立面不是“不听话”，而是独立思考。“不听话”是矫枉过正的做法。为了培养孩子有主见、不盲从、独立、有个性，需要帮助他们养成独立思考的习惯。这个关系必须要清楚。

中文里面，听话往往含有无条件顺从的意思。在儿童发展过程中，我们不希望儿童无条件顺从，但是，我们必须培养孩子的倾听能力。

“倾听”对孩子的学习和人际交往很重要

倾听是一项很重要的技能，既和学习有关，又和人际交往有关。倾听的含义是，听得到、听得懂别人的讲话。

听觉，帮助孩子获得信息

出生后，宝宝的听觉发育很快。他们不仅仅能听到声音，还能分辨规律、节奏。4~7 个月时，比起音乐中不规律的停顿，他们显然更喜欢有规律停顿的莫扎特的曲子。到一岁生日时，尽管一首曲子用不同的调来演奏，他们也能听出是同一首。

婴儿对语言的听觉发展也非常有意思。新生儿喜欢听语言，而不是非语言的声音；他们也更喜欢母语的声音。从出生一直听别人讲话，到6~8个月的时候，他们的听觉会自动筛掉非母语的声音，对母语非常敏感。婴儿的这种能力能够促进他们在自己的文化环境里学习语言和社交技能。

倾听能力和学习能力密切相关

父母经常和孩子交流，注意说话放慢语速，和他们对视，这样他们能够更容易听到父母的话，并加以理解。在和宝宝讲话的时候，其实就是在培养他们的倾听能力、注意力、大脑加工能力和记忆能力。

当我们对宝宝介绍一种东西的时候，我们常常指着这种东西，说出它的名字。他们需要听到我们的发音，并且顺着我们的手指把注意力转移到这件东西上面，然后把声音和东西联系起来。这些听觉和视觉信息进入大脑，在工作记忆里进行加工、整合，最后输送到长期记忆里。父母应当经常耐心地和宝宝交流、做游戏，并且倾听他们说话，给予适当的回应。

等到孩子上幼儿园，会注意听老师的话，并有效地利用、加工听觉信息。例如，老师说，小朋友们，现在放下手里的小剪刀，大家排队去洗手。有的孩子听到后马上能理解并执行，而有的孩子却“听而不觉”，这些孩子往往被老师抱怨有行为问题及学业问题，部分原因是他们缺乏倾听能力，对听觉信息不敏感，无法注意听别人讲话，即使听到了也不理解。如果父母对孩子没有耐心，不注意听他们讲话，没有恰当地回应；或者对孩子没有丝毫要求，从来不要求他们听从自己的指令，那么，孩子慢慢地就没有听别人讲话的习惯，把别人讲话当作耳边风。

倾听这个能力需要练习。从小没有得到练习的孩子，上学的时候，他们没有意识去听别人讲话，听不到或者听不懂，不能很好地在工作记忆里加工听觉信息，这让他们丧失了很重要的学习途径。

倾听有助于孩子社交技能的发展

倾听是理解他人意图、情绪的一个重要手段。

在和别的小朋友交往的过程中，倾听和了解他人意图很重要。小朋友要合伙玩一个分角色的游戏，必须商量好各自的角色，交流和表达离不开倾听。

在一些社会情境下，了解别人的意图也很重要，别人说的哪些话是善意的，哪些话不是善意的，对不同的话，不同的意图，孩子也需要用不同的方式和策略去沟通。这些都是在逐步培养孩子的社交能力。

所以，我们并不要求孩子盲目顺从父母，不过，父母必须认识到，倾听是必须发展的能力。倾听并不等于盲目顺从。会倾听的孩子，可以利用听觉获得信息，这是一个重要的信息获得来源，然后用自己的大脑来加工信息，做出判断和反应。不会倾听的孩子不见得一定有主见。有些根本不倾听的孩子，他们的消息来源少了听觉这个途径，尤其是上学期间，在课堂上，听觉是一个很重要的信息通道。还有的孩子懒于用自己的大脑来加工信息，他们要么顺从父母，要么根本就不听。这些情况都无助于儿童的健康发展。

那么，了解了“倾听”的重要性之后，如何才能培养孩子良好的“倾听”能力呢？

如何培养孩子的倾听能力？

懂得倾听的父母，才有懂得倾听的孩子

培养儿童的倾听能力，首先父母要对儿童的行为和感受非常敏感，及时而恰当地做出反应。

大宝小宝四五岁的时候，有一次小宝告诉我，爸爸给大宝买白色巧克力，给他买褐色巧克力，可是他特想尝尝白色巧克力的味道。我就问爸爸怎么回事。爸爸说：“我去加油站加油，随手买了两块巧克力，根本没注意什么颜色。怎么，小宝有意见吗？哦，他当时是嘟囔了几句，我也不知道他要干什么，因为着急带他们去吃饭，就没顾得上这事。”

我认真地对爸爸说，也是说给孩子们听：“孩子们讲话，你要做一个好的倾听者。他们有什么要求要好好听！”然后我对孩子们说：“如果你们有什么要求，请你们好好说，不然别人听不懂，对不对？”孩子们点头称是。

父母必须倾听孩子的声音，一方面是言传身教，另一方面是对孩子的尊重，反过来，他们也会尊重父母，愿意倾听。

用简单明了、有趣的指令培养倾听能力

可以在生活中自然而然地提出一些要求。比方在停车场，我们不希望孩子乱跑、打闹，因为很容易被车压到。父母最好蹲下去，平视孩子的眼睛，清楚地说出要求。眼神的沟通可以帮助他们集中注意力倾听和理解要求。

有些家庭认为孩子还小，对他们毫无要求，允许他们对指令“听而不闻”，这一方面无益于倾听能力的养成，另一方面也无益于自控力的形成。

有个妈妈在幼儿园大型活动中做义工，带领几个孩子在楼层间穿梭。她发现有的孩子无论如何喊，他们都听不到，一直兴奋得跳来跳去。义工妈妈走过去请他们回到队伍里，但过会儿还是原样。非常简单的任务对这些孩子来说却非常困难。她非常感慨地说，听从父母、老师的指令和有主见一样重要。

父母在生活中可以给予孩子们一些能执行的任务，去练习这些能力。“妈妈马上就带你出去玩，请你等在门口，让妈妈拿

上钥匙。”“来，妈妈和你一起收积木。请你把这几块积木放到这个筐子里。”从简单明了而容易执行的任务做起，能让他们从小家庭的生活顺利走向学校的生活。也可以用游戏的方法让指令变得有趣。刚才说的义工妈妈为了让孩子们跟着她走，她说：“小朋友们，我们来开火车啦！”这样的指令就比“我们排队走”要有趣，也更能吸引孩子的注意力。

为孩子提供有效的帮助

父母必须意识到，四五岁甚至小学低年级的小朋友仍然需要我们给予大量的帮助和支持，不要对他们要求过高，认为他们说了就要听，马上就能执行。

我经常在孩子的教室里做义工，从老师那里得到很多启发。在幼儿园，老师会用一些小技巧来帮助孩子。有的老师用一种有规律的拍手声，提醒孩子安静下来，注意听讲。有的老师用几句朗朗上口的押韵指令来提醒，老师说出第一句，孩子们就接上下面几句，自己提醒自己：这个时候有重要信息，要注意听讲了。还有的老师用个小铃铛，需要大家安静听讲的时候，就摇三下。这些提示都是开学时老师和孩子们约定好的。所以当老师一用这些暗号的时候，孩子们立刻心领神会了。这有助于孩子们转移注意力的方向，注意现在马上需要做的事情、需要接收的信息。这些小技巧我们可以借鉴运用。

所以，父母不要以为孩子“不听话”是好事。一些孩子在学校无法听从老师简单的指令，从而造成行为问题或者学业问题，这可能是因为小时候缺乏倾听能力的培养。父母要注意的是，不要霸道地从自己的方便出发，让孩子无条件听从自己的指令，否则，就走向无条件顺从的老路上去了。

我们希望孩子能倾听我们的意见，当然，也希望他们能够有自己独立思考的能力。这二者并不是矛盾的，有些父母认为不听话才能保护孩子的天性，这种想法是有失偏颇的。

倾听和独立思考结合，“听话”和“独立性”就不对立

很多父母担心，孩子听父母、老师的话，会变得没有主见，不能独立思考，失去个性。那么二者就一定对立而不能共存吗？从下面这个惨痛教训的反思中，我们或许能找到答案。

2014 年韩国游轮沉船事故后，这种担心在很多父母的心里弥漫。他们说，听话的孩子等在船舱里丧生，不听话的孩子在甲板上抽烟，倒是逃生了。是不是从此以后教育孩子不听话、不遵守规则？

我认为，在安全教育方面，教育孩子不听从专业人员指挥，不遵守规则，对逃生没有帮助，反而可能会害了孩子。如果教育孩子在意外事件发生时不听指挥，要自己做判断，那么，孩子有多少经验，他们凭什么去做判断呢？

倾听和独立思考，在任何时候都可以相结合。听从指挥并

不等同于盲目顺从，而且和自己思考做判断并不矛盾。比方说，安全教育由经验丰富的专业人员来指导，他们考虑到了意外事件的方方面面，拟订出不同情况的最佳的逃生方案，而且往往有好几套。逃生的时候，如果有专业人员指挥，最好听从，因为在人多的地方，他们会指出最佳路线。

比如我们去迪士尼坐游轮，游轮出发前，所有的游客都参加了演习。游轮有13层，分成前中后三个区，不同区的游客都通过最近的楼梯跑下楼，到指定的甲板上集合，再在指挥下上救生船。如果不听从指挥乱跑，慌乱之中，很可能找不到最近的楼梯口，浪费宝贵的时间。

但是，是不是自己就不用思考、不用判断了呢？假设船舱冒烟，船长说大家去甲板集合。我们要根据以前接受的安全教育和逃生技能来判断，不要盲目冲出去集合。要观察有没有烟雾，并且确认要不要包好自己的口鼻，是否要先试探门口的温度，然后趴在地板上爬出去，等等。所以说，即使是逃生的时候，也可以在听从指挥的基础上，结合自己的安全知识和各种逃生可能性，自己做出判断，增加逃生的概率。

所以，理想的状况是鼓励孩子倾听和独立思考相结合。

倾听是一种礼仪，是行为规范。我们鼓励孩子尊重老师，尊重他人。这里的尊重是指行为上，和老师、他人讲话要有礼貌，别人讲话的时候要有礼貌地倾听。即使有不同的意见，也要等别人讲完，有礼貌、有策略地表达自己独立思考的结果。美国中学生辩论社团盛行。这种方式既锻炼了孩子倾听的能力，别人的意见、别人的证据都需要听懂，又锻炼了他们使用证据来支持自己意见的能力，同时也锻炼了口头表达能力。

了解了“倾听”的重要意义，以及培养孩子学会倾听的种种事例后，希望父母们能够放开对“听话”或者“不听话”的纠结。不听话不等于独立有主见，有时候不听话会耽误事，甚至危及生命。倾听和独立思考即本章开篇所说的“听话”和“独立性”并不互相矛盾，更多的时候，如果二者相互结合，能促使孩子成为一个有社会规范的独立个体。

「实战」TIPS

如何培养孩子的“独立性”

本章讲倾听的重要性，旨在让父母们了解，不能以简单的“听话”或“不听话”来界定孩子是不是独立，是不是有个性。希望父母认识到“听话”与“个性”并不是对立的，而是相辅相成的，倾听能力的培养最终的目标是让孩子学会独立，面对问题的时候能独立思考，面对生活能独立自主。

如何培养孩子的独立性，这其中也是有方法可循的，希望能让疑惑的父母们少一些焦虑，多一些对孩子成长的信心。

Tip1：尊重孩子的想法和选择是培养独立思考的基石

越小的孩子，受周围人的影响越大。我们怎么培养他们独立思考的能力呢？他们怎么逐步拥有独立判断、独立做决定的能力？这种能力不是一出生就具有的。尊重孩子的想法和选择，是培养独立思考能力，乃至独立性的基石。如果我们想培养孩子的独立性，那么必须把孩子当成一个独立的个体，清楚他们有自己的想法、自己的爱好、自己的个性等。

对于美国幼儿教育，我比较喜欢的一个方面是，大家发自内心地尊重孩子的想法和选择。我们每年都给学校图书馆捐钱，图书馆拿这些钱买新书，然后让孩子自己挑一本，写上他们的名字，并且和书合影，贴在图书馆的墙上。我一直以为这件事情很简单，不过是老师拿着几本书到教室，让捐钱的孩子随便选一本罢了。

有一年，我们家以小宝的名义捐了钱。一天收到小宝老师的信，说让小宝去图书馆挑书，小宝突然哭了，后来，他告诉我："我喜欢太空的书，可是没有这类书。我不知道挑什么好。"原来这么简单。我跟图书馆的老师沟通。图书馆馆长很体贴地说："10月份还会进新图书，我去进几本太空的书，到时候让他来挑。"我说："等下次有了太空的书我们会再捐，这次，我可以和他一起看看现有的书，说不定能挑出一本。"

我陪小宝去挑书。我看到一套系列丛书，我们家有几本，小宝对这个人物很熟悉。他笑了："妈妈，这个故事是万圣节的故事呢，马上就要万圣节了！"我说："对啊，我真想知道万圣节发生了什么事。你愿意选这本书吗？”小宝乐滋滋地把书拿到手上。

老师很开心他终于挑到了自己喜欢的书，说：“小宝，你选好书了。这是一个非常有趣的故事哦。等一下老师要把你的名字写在这本书上面，你想怎么写你的名字？（他有个全名，但是我们一直叫简称。）还有，广播里报你的名字，你喜欢报哪个？”他一一回答了。老师写在书上，然后，让他拿着书照了相，跟他说，明天他可以作为第一个读者，把这本书借回家。

这是非常小的一件事，但让我感觉老师们非常尊重儿童的想法和选择。挑哪本书，怎么写名字，让每个孩子都按照自己喜欢的选择。事情虽小，工作量还是蛮大的，肯定有些孩子像小宝一样无法决定。不过老师还是自然而然地认为：让孩子挑书，当然要让他挑自己喜欢的；念他的名字，当然要按照他喜欢的方式。从小处可以看到对儿童的尊重。

正因为老师们在美国文化观念里尊重儿童的想法和选择，所以自然而然地，在学习的时候，也允许儿童发表自己的意见和想法。

从学前班开始，孩子们还不会正确写单词，就开始写小作文，表达自己的想法。拼写错误也没有关系，重要的是表达自己的想法。比如说，他们上课阅读一本海盗的绘本，老师就让他们练习写作，题目是“我愿意当海盗还是不愿意当海盗”。小朋友们各抒己见，有的觉得当海盗好，可以找宝藏；有的却说不想当海盗，害怕船会沉。每个人都发表自己的看法，没有标准答案。小宝说：“我不要当海盗，海盗不学习，可是我喜欢数学；我还会想我的妈妈。”这些课堂作业往往能体现孩子的个性、兴趣和真实想法。

一年级的时候，他们会学写各种文体，记叙文、议论文、说明文等。说起来很复杂的样子，其实就是简单的几句话。比如，写议论文，先写自己的观点，然后再写例子或者证据，最后再重申自己的观点。他们还会做一些课题，自己找资料，把自己觉得最有用的资料用起来。在这些训练下，孩子们感受到的教育氛围是：每个人都可以有自己的看法，没有人会嘲笑他的看法。当然，他要寻找能支持他的看法的证据。所以他们会学习区分哪些是个人看法，哪些是事实。在这个过程中，慢慢学会尊重事实，而且也发表自己的看法。

他们从5岁开始，经常有课堂练习拿回家，做区分“事实”和“看法”的训练。比如，“红蜡笔可以用来写字和画画”，这是“事实”。“我喜欢用红蜡笔来写字和画画”，这就是“个人看法”。孩子们接触多了，在生活中，有时候和我们讨论个什么事，也会来一句：“妈妈，这是你的个人看法，我的看法和你不一样。”慢慢地，他们就有了自己的判断和想法。

有些父母可能会问：尊重孩子的想法，是不是他们想什么、干什么都不管了呢？我们可以尊重他们的想法和选择，不过这些想法和选择不能危害社会，不能伤害自己和他人，这是基本原则。比如，孩子可以表达自己愿意当海盗，还是不愿意当海盗。如果有小朋友说，想当海盗的孩子都是坏孩子，下课的时候联合几个小朋友孤立这个小朋友，这样的行为我们不鼓励。

我们要尊重儿童的想法和选择，支持和倾听他们发表自己的见解，引导他们逐步独立思考，有主见，最后成为独立的人。

Tip2：培养孩子“独立性”需要尊重儿童的发展规律

宝宝从能爬的时候，就发现自己和母亲是不同的个体，发现自己有了一定的活动范围，由此萌生了自主意识。一个人的发展就是逐渐独立的过程。然而，我们也不得不承认，婴幼儿在很多方面都需要依赖父母，而父母有保护他们的职责。那么，怎么在他们必须要依赖父母的时候培养他们的独立性呢？

有些父母从字面上去理解培养独立性，认为培养独立性就是让孩子自己独立做事。其实这两者并不是一回事。

先来讲个案例。《长沙晚报》报道，长沙 4 名小学生别出心裁，决定离开父母独自生活。有个孩子的父母正好不在家，于是，4 个孩子就住在这家，用 300 元生活了 5 天，最后还有结余，表面上看，日子过得有滋有味。不过意外发生了，不小心煤气泄漏，这些孩子惊慌失措，幸好有父母在跟拍他们的生活，及时处理，才没有酿成悲剧。那么，小学生离开父母单独生活，是培养孩子独立生活的能力吗?

孩子的成长是一个逐渐独立的过程。父母需要培养孩子的独立生活能力，这没错。然而，像报道中 4 个小学生离开父母独自生活的方式值得推广吗？我认为这样的做法不能效仿。事实上，报道中的小学生并没有离开父母独自生活。他们住在父母的房子里，用着父母的钱，还有父母整天来跟拍。幸亏父母来跟拍，煤气泄漏事件才没有酿成大祸。所以说，培养孩子的独立能力是必需的，但是一定要尊重孩子的发展规律，在注意安全和符合孩子能力的前提下进行。

对小学生来说，尚未成熟到可以离开父母独立生活，他们需要父母的监护。很多父母以为美国的父母注重孩子独立生活能力的培养，他们看到儿童自己去募捐，自己去卖东西，以为这就是培养孩子的独立性，想要效仿。在此提醒广大父母千万不可盲目效仿。美国的父母是非常注重孩子的安全的。比如，每年大部分学校都有募款活动，小学生自己拿着产品或者产品单子挨家挨户去募捐。这一方面培养孩子的独立能力、社交能力；另一方面给学校筹款。但是，这是在确保儿童安全的基础上进行的。

我们孩子的小学，每年筹款活动之前给父母发一张特别通知，强调要注意孩子的安全，绝对不能让孩子自己去募款，必须有家长陪同。当敲开一户人家的时候，父母不会代劳，让孩子自己上前去自我介绍，说明目的，把有意向募款人的信息记下来。不过，父母绝对不会让孩子自己去募捐，必须全程陪同，让孩子自己去敲门，而父母在停车的地方看着，以防万一。

要记住，儿童是弱势群体，他们的利益和安全需要父母以及社会的保护。完全没有成人的监护，让他们独自生活，是对儿童的安全不负责。培养孩子的独立生活能力，不必流于表面，也不必走形式。很多人常常流于表面形式地看待培养孩子的独立性，看到一些父母替孩子背书包就痛心疾首，认为父母妨碍了孩子独立性的发展。自己背书包是独立生活能力的体现，但是，有时候孩子的书包太重，帮孩子背一下也并不一定会损害孩子的独立能力。

孩子独立能力的培养，首先需要父母尊重孩子是一个独立的个体，尊重他们的思想和判断。如果父母能把孩子当成一个独立的个体，允许他们表达自己的思想，尊重他们的看法，鼓励他们和自己来沟通和交流，这样的孩子在人格上、思想上就会比较独立，将来对自己的生活也能负责，更有独立性。

如果只看重表面现象，培养孩子的独立能力只在于让孩子自己背个书包，自己去买个菜，而在本质上不尊重儿童是独立的个体，在思想上压制孩子，不允许孩子自由表达，这样的孩子很难有自己的见解，对自己的生活也难以有责任感，更谈不上独立的判断和人格。所以，培养孩子独立生活能力，首先要培养他们能够独立思考，敢于表达自己的想法，而不是人云亦云、亦步亦趋。

其次，培养孩子独立生活能力需要循序渐进，尊重儿童的发展规律，而不能一蹴而就。培养孩子的独立生活能力，不一定以孩子离开父母的方式来进行。平时的生活里，有很多机会可以培养孩子的独立生活能力。

父母对孩子的生活不要大包大揽，让孩子做些力所能及的事情。八九岁的孩子不一定非得自己点煤气做饭，而是可以饭前帮父母布置餐桌，饭后把碗筷收拾到水池里，整理自己的房间，整理自己的书包，等等。这些都是在成人的监护下培养孩子的独立生活能力。这是一个父母逐步放手、孩子逐步独立的过程。随着年龄的增长，孩子的能力和生活经验也在增长，他们逐渐能够自己判断、处理一些紧急事情，而不会像报道里的几个孩子一样，在遇到紧急的煤气泄漏事件时惊慌失措，无法处理，差点儿酿成事故。

所以，当父母让孩子独自做一些事情的时候，必须事先评估一下孩子的判断力、成熟度、处理意外的能力，而不能追求表面的独立，说放就放。这几个号称要尝试独立生活的孩子，希望他们结束这难忘的五天后，在家里能够帮助父母做事，管理自己的书包和时间，而不是又过起饭来张口、衣来伸手的日子。

第 13 章

学习会破坏想象力和创造力吗？

认识并体验世界的规律即学习，是和想象力、创造力共同发展的，而不是对立的、互相伤害的。想象力、创造力不是空中楼阁，它们有基础，有依据。孩子对世界的持续学习和理解、好奇心和兴趣是想象力和创造力源源不断的养料。

想象力和创造力，对很多人来说，是一种非常神秘的能力。现在很多父母担心，孩子学习知识、学习技能会破坏他们的想象力和创造力。我常常接到一些私信，发现很多父母特别重视想象力和创造力，他们认为，这是自己在一刀切的应试教育下缺乏的东西，不能让孩子也重蹈覆辙。我很理解这种心情。

要想不破坏儿童的想象力和创造力，我们必须搞清楚：什么是想象力和创造力？什么才会破坏想象力和创造力？我们怎么去保护或者发展儿童的想象力和创造力？

想象力和创造力看起来很神秘，按照定义来说，想象力让我们能够在大脑中形成全新的画面或者感觉，即使这些之前我们从未见过或者经历过。它是我们整合自己过去的经历和学习过程的基石。创造力是以新颖的方式思考，用新颖的办法解决问题。想象力和创造力都和我们之前的经历有关，但是这些经历、信息经过大脑重新整合、吸收消化，又和新的事物有关，然而这个新的事物是我们并没有见过或经历过的。

我很喜欢研究大脑发展的心理学家吉尔·施塔姆说的一句话：创造力并不来源于更多的信息输入；它来自我们头脑中已有的信息，我们运用它们，并用一些独创的方式把它们表达出来，比如，表演出来、画出来、写出来或者做出来。

受施塔姆启发，我认为可以这么理解想象力和创造力：运用已输入大脑的信息，整合输出与众不同的信息。简单地说，可以通过三个过程来理解：

- 信息输入大脑，包括信息输入的内容和方式。也就是说，输入大脑的是什么样的信息，这些信息是怎么输入大脑的。
- 信息的理解，也就是说，孩子作为接收信息的主体，需要运用自己的方式，把输入的信息在自己头脑里消化吸收，重新整合，理解运用。
- 信息输出，也就是说，孩子将自己所获得、所理解的信息以自己独特的方式表达出来。

很多父母害怕学习会伤害想象力和创造力。之所以会有这种担心，一方面是因为父母不了解学习是想象力和创造力的基础；另一方面，父母往往从成人的角度去看待儿童，对他们的一些特点不了解。

认知是想象力和创造力的基础

很多父母认为，学习知识定会破坏孩子的想象力和创造力。因为在成人看来，知识是死板的。所以，他们认为孩子知道得越少就越有想象力。这种想法秉承的逻辑是：孩子比成人知道的少，孩子比成人有想象力，所以孩子知道得越少想象力就越好。这种论调既没有看到信息输入的过程，更忽视了孩子自己吸收信息的主体性和重要性。

用独特的方式去吸收、理解知识，算不算有想象力呢？用独特的方式输出知识，用独特的方式解决问题，算不算有创造力呢？这些都是想象力和创造力，所以，并不是知道得越少就越有想象力和创造力。如果什么都不知道，那么大概结果就是“巧妇难为无米之炊”了。

确实，学龄前的儿童甚至学龄儿童因为思维方式和成人不太一样，有时候会以成人意想不到的方式看待事物，从而显得很有“想象力”。然而这只是想象力的萌芽。这个萌芽需要持续发展的养料。

很多人以为想象力无拘无束，稀奇古怪，其实它不是空中楼阁，它和知识不可分割。艾利森·高普尼克（Alison Gopnik）总结了最新的认知科学对儿童想象力的研究，她说，孩子探究世界，然后逐渐掌握世界和事物的规律（这是知识，并不是认识几个字、数几个数才是知识），在认识这些规律的基础上，他们才有可能发现多种的可能性，想象不一样的世界是什么样的。

想象各种“眼前”不存在的可能性，才有可能用“眼前”没有的办法去解决问题。如果没有这些基础，他们也就没有想象、创造的依据。

高普尼克指出，从前我们认为，知识和想象、科学和幻想是对立的。现在的新理论却发现，所有这些都可以让儿童认识世界，从而通过想象改变世界。儿童并不像很多父母以为的那样所知甚少。

高普尼克研究宝宝是否能发现一个玩具的新用法，如果可以，就说明他们具备一定的解决问题的能力，具备想象力和创造力。实验者把一个非常好玩的玩具放在宝宝够不到的地方，旁边放了一个玩具耙子。15 个月的宝宝马上动手想拿到，尽管很想拿到玩具，却始终想不到把这个耙子当工具来用。而 18 个月的宝宝会先看看玩具（基于经验，他们可以想象到自己去够的情景——太远，自己够不到），然后看看耙子，开始思考（想象各种可能性）。然后他们用耙子成功地把玩具钩过来（他们可能想象了多种可能性，而且他们能够在头脑里排除一些无效的方法，实施的是能有效解决问题的方法），露出了胜利的微笑。

15 个月的宝宝不断尝试—错误—尝试—错误，直到他们碰巧够到玩具或者够不到而放弃。而 18 个月的宝宝，不需要去进行无效的尝试和错误。他们在思考的时候，能够运用想象排除一些可能性，这让解决问题变得更有效。

可见，认识并体验世界的规律即学习，是和想象力、创造力共同发展的，而不是对立的、互相伤害的。想象力、创造力不是空中楼阁，它们有基础，有依据。孩子对世界的持续学习和理解、好奇心和兴趣是源源不断输送给想象力和创造力的养料。

了解了学习并不是想象力和创造力的障碍，那么接下来我们看一下儿童的注意力究竟有怎样的发展特征，并进一步探讨，怎样才能更好地激发孩子的想象力和创造力。

了解儿童的学习特点，放下不必要的焦虑

父母对婴幼儿的担忧多出于对婴幼儿发展特点的不了解，总是从成人的角度去理解他们。婴幼儿独特的注意力在学习中往往起到重要的作用。

婴幼儿的注意力和成人的注意力有相似的地方。不管是大人还是小孩，新奇的事物总能吸引他们的注意力，如果事物不再新鲜，他们的注意力就转移。我们给婴儿看一个熟悉的玩具和一个从来没有见过的玩具。我们发现婴儿注视新奇玩具的时间远远超过熟悉的玩具。当他们熟悉了那个新奇的玩具，他们对这个玩具的注视时间就大幅下降。如果我们又展示一个新奇的玩具，他们又会久久注视这个新展示的新奇玩具。所以，大人也好，孩子也好，他们的注意力往往容易被新奇事物所吸引。

然而，儿童心理学已经发现，婴幼儿的注意力和成人有很多不同的地方。成人的注意力，要么被外部的事物所吸引（孔雀开屏了，好漂亮），要么由内部动机所决定（明天要考试了，今晚必须复习）。而婴幼儿的注意力多数由外部刺激所决定。由内部动机决定的注意力在学龄前发展非常缓慢。所以在生活中，我们用好玩的玩具转移婴儿的注意力比较容易，孩子越大，这种把戏就越不灵了，他们由于自身兴趣、内部动机去掌控注意力的能力越来越强。不过，跟成人相比，他们自己掌控注意力的能力还是不如成人。

高普尼克做了实验，测试儿童的注意力和记忆力。她让儿童看两组卡片，要求儿童只记住左边卡片的内容。最后，她问小朋友卡片的内容是什么。年龄大一些的儿童，因为自己掌控注意力的能力较强，能够按要求集中注意左边的卡片，所以对左边卡片的内容记忆比较好，而把右边卡片的内容当作没有用的信息排除了。而年龄小的儿童，他们对右边卡片的内容记忆超过年龄大的儿童，说明他们左右两边都注意了。

高普尼克有个非常有趣的发现，成年人的注意力像聚光灯一样，他们只注意对自己有用的或者重要的东西，其他的都被排除在注意之外。婴幼儿的注意力却像散光灯，光线能照到很多事物。所以我们常常很吃惊地发现，小朋友有时候好像根本就没有注意，可问他们，他们却多半能说出来。他们的注意并不只挑出一些特定的信息，而是注意到周围几乎所有的事物，特别是当这些事物是新奇的。当然，对宝宝来说，很多信息都很新奇，成人觉得习以为常的事物对宝宝来说都很新鲜，所以他们能注意到的东西反而比成人多。

散光灯一样的注意力非常有利于宝宝的学习。他们沉浸在所有的信息里面，不管有用还是暂时没用，重要还是不重要，都能被他们注意到，都能被他们吸收。

父母担心破坏孩子的想象力和创造力，他们最纠结的是，孩子一旦认字，阅读的时候就会只注意字，而不会注意画面；或者认字妨碍孩子利用画面获得想象。所以他们认为孩子认字会破坏想象力和创造力。当我们了解了婴幼儿独特的注意力，就不必担心认字会破坏想象力和创造力了。

认识了字以后，读书习惯只看字，容易忽视看画，这是对成年人而言的。因为看字对成年人来说能比较快而有效地获得信息，所以我们的注意力只聚焦在字上面。儿童却不同，他们的注意力是发散的，他们既能注意到字，也能注意到画面。我和我家两个孩子读书的时候就发现，他们的手指经常指到我常常注意不到的细节，即使他们认识字以后也一样。所以担心儿童识字只看字不看画是没有必要的，也是没有根据的。其实文字能够给予儿童无穷的想象。每个人看到一段文字，都会想象到画面，而他们的想象可能都是不一样的，其想象丰富程度取决于之前所获得的信息。有时候只看文字不看画面，也许更能让儿童插上想象的翅膀，因为他们不需要受到已有画面的限制。

所以，我们需要了解儿童学习的特点，不要用成人的特点去猜儿童的学习过程。成人和儿童在很多方面都存在着差别。认识了儿童的特点可以避免很多不必要的纠结和焦虑。

但是，很多父母说，我确实注意到了，学习知识压抑了孩子的想象力：我的孩子识字以后就是只看字不看画等等。那么，我们需要从上面所说的信息输入、加工、输出三个过程来分析一下，究竟是哪个环节出了问题，伤害了孩子的想象力和创造力。①

警惕：这样做会伤害孩子的想象力和创造力！

警惕 1：学习和体验的信息不符合儿童发展水平

首先我们来看第一个环节，儿童学习和体验的信息是不是符合他们的发展水平。儿童不是一个消极的容器，这边信息输进去，那边原封不动地把信息输出来。恰恰相反，儿童是主动积极的学习者，他们在接收信息之后，会以自己的方式来处理信息。他们输出的信息也不是原封不动的，而是经过了处理，并以自己特有的方式输出。所以，第一个环节，信息的内容和输入方式要符合他们的发展水平，只有这样的信息才能被他们理解，继而以他们自己特有的方式输出。

① 高普尼克的著作《宝宝也是哲学家：学习与思考的惊奇发现》、她和另两位同事合著的《摇篮里的科学家》可以作为拓展阅读书目。

我们任何时候都要尊重孩子每个阶段的发展特点，不要强行输入一些知识。0~2 岁的宝宝是通过感知和动作来探索和了解世界的，千万不要让这个年龄段的幼儿脱离具体的事物去学习。比方说，让这么大的孩子看着卡片“冰”认字，他们不知道这是什么，有什么用处，有什么特点，跟他们的生活有什么关系。即使每天念好多遍，通过强化，他们看到这个字就能念出来，也不代表他们能把字和事物联系起来，学习到了这个事物的特性。这种不符合儿童发展规律的“灌输式”的信息输入方式是我们要警惕的。因为这种方式实际上破坏了孩子探索世界、发现各种规律的积极性，割裂了知识和体验，破坏了他们的兴趣和内在动力，最终破坏了想象力和创造力。

0~2 岁的孩子可以玩冰块，他们自己会感觉到凉冰冰、滑溜溜的。父母还可以和他们一起观察冰箱里的冰块、放在饮料里的冰块，向他们提一些问题，鼓励他们也提一些问题。让他们具体地学习一个事物，以后他们看到这个字，由于有了事先的体验，有了理解，学习、联系起来会更快，记忆、运用相对也会更好。这些是打下发展想象力和创造力的基础。

学龄前儿童甚至学龄儿童以具体思维为主，他们以动手、亲身体验的具体方式去学习。如果我们只用直接灌输的方式，会破坏孩子的理解和学习能力。我在网上看到有的父母让学龄前儿童背乘法表。如果他们不理解数与数的关系，即使能把乘法表死记硬背下来，也无法运用这些知识或者只能僵化地运用。这和我们想培养他们想象力、创造力的初衷背道而驰了。

其实，一开始可以慢一些，给孩子时间去发现、理解和思考，不一定要直接让他们背乘法表，可以让他们数实物，先挨个数，接着跳着数，比如2、4、6或者5、10、15……孩子在这些实际操作过程中会发现数与数的关系和规律，他们也就能理解为什么一个五等于五，两个五等于十。即使孩子自己没有发现，以实物操作作为依托，父母再指点一下，他们也能理解。通过这些具体的操作而获得的知识才是“活”的知识，通过这些具体的操作而获得的观察力、思考习惯、解决问题的能力才是想象力和创造力的源泉。

所以，我们首先要注意信息输入的内容和方式，是否符合儿童当前的发展水平。如果输入的内容儿童尚不能理解，我们只是把儿童当作消极的容器，信息虽然输入到儿童的大脑，可是儿童不具备分析、整合这些信息的能力，就无法和他们的经历产生连接，也无法激发他们的学习兴趣。当要求他们输出的时候，他们也就无法以自己的方式输出，只能以当初输入的方式输出（这就是所谓的死记硬背）或者干脆忘记了。

所以，我们时常要提醒自己，在信息输入的过程，有没有允许他们观察、思考、提问、犯错，有没有激发他们的兴趣。这些做好了，输入信息才不会破坏孩子的想象力。不要忘记，孩子置身于一个全新的世界，他们的生活就是不断学习的过程。我们要保护好他们的好奇心和兴趣，源源不断地激发想象力和创造力。

警惕 2：学习的过程不容许儿童试错和探索

儿童的学习是一个积极的过程，对输入大脑的信息，他们会以自己的方式去处理、理解，从而变成自己知识体系的一部分。我们要允许他们以自己的方式去学习。

儿童的学习往往是尝试错误的过程。如果我们等不及，用一种不容置疑的方式去灌输，其实是剥夺了儿童尝试、学习和发现的过程，破坏了儿童独立思考和尝试解决问题的能力。这种现象很普遍。宝宝在玩玩具的时候，经常有长辈“指点”：应该这样玩才对！宝宝拼火车轨道时，突然拿起轨道，当作手机，假装给正在上班的爸爸打电话。爷爷说：不对，这是火车轨道，应该放在这里！这样的“指导”在生活中很常见。父母有没有意识到，我们不遗余力地指导反而破坏了儿童的想象力和创造力？希望成人能以游戏的心态面对孩子的游戏，耐得住性子，管得住嘴巴，多给他们点儿自己的时间。

有个妈妈给宝宝买了个钓鱼的玩具，18 个月的宝宝非常喜欢玩。可是，妈妈发现宝宝经常把鱼竿和鱼钩的方向弄反了，老钓不上鱼，真替他着急，就去帮他把鱼竿转过来。可是，每次妈妈一帮忙，他就再也不玩了，这是怎么回事啊？

当孩子正在专注地游戏，思维不会因为专注而停滞，他正在开动脑筋，思索为什么鱼就是不上钩呢？而妈妈的出现干扰了他正在进行的活动，他当然会不高兴了。所以我们要忍住！在开口之前，看看孩子的状态吧，是专注的还是想寻求帮助了。

如果妈妈只是在旁边观察孩子，等他要求自己帮助时才去帮助，孩子就不会不高兴了。如果孩子没有来求助，还是不要急于帮助吧。让孩子专注地尝试一件事，赋予宝贝灵光闪现之前的观察和探索的时间，可能多次尝试以后，他自己就能发现问题了！这种发现带给孩子的快乐和成就感，会比父母直接教给他强烈得多。以后他再碰到问题，就还会先尝试自己努力解决。这种良性循环会让他们学习得更多，也强化了他们解决问题的欲望，这正是他们探索世界奥秘的最强劲的动力。有了这些动力，才使得想象力和创造力有持续发展的可能。

警惕 3：追求标准答案，不允许孩子有自己的表达

我们怎么发现孩子的想象力和创造力呢？要通过一定的载体，可以通过说、书写、画画、搭建某些作品等方式，让他们把自己所获得的信息以自己的理解方式，以自己特有的方式表达出来。所以要允许孩子自由表达。不允许孩子以自己的特点自由地输出信息，也会破坏孩子的想象力和创造力。

现在的问题是，很多父母和老师不知不觉创造出一种“追求正确答案”“追求唯一标准”的教育氛围。有的妈妈问，孩子本来挺喜欢画画，上了画画课或者看了示范，反而不愿动手画了，怕自己画不好，怎么办？这样的问题比较普遍。周围的成人要省视一下自己平时的言行举止有没有不合适的地方。

父母和老师的一些评价有时候会不自觉创造出一种不利于

孩子成长的氛围。如果评价只关注最终结果，跟样本比，跟老师比，跟别的小朋友比，评价孩子画得好还是不好，很容易让孩子产生一种感觉，“我需要达到某种标准，这个标准是唯一的或者是最好的”。如果有的孩子认为无法达到那样的标准就是失败，那自然就不愿意再画了。所以父母和老师一定要注意自己的言行和评价，鼓励孩子用自己的方式自由表达。不要用“好”“正确”等词语去评价，可以具体地评价每个孩子的特点和闪光点。没有了唯一标准的框框束缚，孩子才会输出各种可能性。

更何况，很多时候并没有一个最好的或正确的答案，比如艺术的表现，再如自己对一个问题的想法。只有当孩子认识到，每个人都有自己的特点和想法，很多问题并没有标准答案的时候，他们才不会对自己的想法产生疑虑:“我想的是不是唯一正确的？”也没有人会嘲笑他们，他们也不会嘲笑别人。没有了这样的后顾之忧，孩子才敢于自由表达自己的感受和想法。相反，让孩子追求条条框框里的答案，当然会破坏他们的想象力和创造力。

讲到创造力，我们通常会提到集中思维（convergent thinking）和发散思维（divergent thinking）的不同。集中思维是指运用已有的知识，想出唯一一个最佳的办法解决问题。通常标准化考试甚至智商测试要求这种思维方式。发散思维是针对一个问题能想出好几种不同可能的解决方式。这两种思维方式都很重要。有时候在解决一个问题的初期，利用发散思维，评估各种信息，提出不同可能性，然后组织、整合这些办法，找到一个最佳办法。

当周围的教育气氛偏向鼓励集中思维的时候，像刚才提到的，学校里鼓励孩子去追求唯一的标准答案，那么，父母可以做一个缓冲带，多带着孩子做一些体现发散思维的任务，让他们有提出自己想法的勇气和信心，有开放的心态，容纳不同的想法，想象不同的可能性。这一点有助于创造力的发展。

相信看到这里，父母们已经明白了：学习并不会扼杀孩子的想象力和创造力，关键在于我们怎么引导和教育，让他们在想象力和创造力产生的每一个环节，获得充分的包容和鼓励。

一个有想象力和创造力的人，具备很多特点，比如，他们对万事万物有着非常细致的观察力，对解决某一问题能倾注很强的专注和热情，并且有面对困难不轻易放弃的精神等。父母要从儿童整体发展出发，帮助儿童打好厚实的基础，给予他们充分的包容，培养他们各种可持续发展的能力，耐心搭好每一块通向想象力和创造力的砖块，只有这样才能培养出一个发展比较均衡的孩子。

「实战」TIPS

想象力和创造力是生活中的“合力”的结果

想象力和创造力需要源泉，也就是不断输入的信息。这样，想象力和创造力才会持续发展。所以，输入的信息并不会破坏想象力和创造力，关键是信息输入的内容和方式必须要符合儿童发展的特点。

Tip1：鼓励孩子以自己的方式学习和自由表达

我们要保证儿童活动的多样化，而不是单一化，这样能丰富想象力和创造力。孩子探索世界、学习世界各种事物规律的途径是多样化的。只要他们感兴趣，那么，就算是被成人看来很枯燥的科学知识也可以激发他们的想象力和创造力。

我们家大宝喜欢看科普书，看完以后还特别喜欢写下来。有一次看到不同的波有不同的波长，而且它们穿透不同材质的能力也不同。他很感兴趣，想出一个游戏邀请我一起玩。这个游戏的名字是他自己起的，叫“大宝PK放射线”。

第一局

他让我假扮α射线，他拿着一张纸，说：“α射线，现在你来穿过这张纸！”

我只好假装挣扎、用力，然后说：“哦哟，我穿不过这张纸。”

大宝宣布：当！第一局，大宝赢！

第二局

他让我假扮β射线，然后他假装拿着胶合板，说：“β射线，你现在来穿过这块胶合板。”

我心想：你倒好，怪不得我老输！你为什么不拿纸，你拿纸我不就能穿过去了？不过，我还是很配合地假装挣扎、用力，然后说：“哦哟，我穿不过这块胶合板。”

大宝宣布：当！第二局，大宝赢！

第三局

他让我假装 γ 射线，然后他假装拿着一块厚厚的铅板，说：“好了，γ 射线，你准备好了吗？现在来穿过这块铅板。”

我又假装各种挣扎、用力，然后说：“啊哈，有一部分的我可以穿过铅板。”

大宝宣布：好吧，第三局，我们平了。

这个游戏连我都觉得很有趣，而且这么枯燥的信息，他能这么有创意地表达出来，我感到很惊喜。

他写的故事，他编的游戏，就是他吸收知识，经过自己的整合消化，最后用自己独特的方式来表达：我是这么理解和运用这些知识的。这就是想象力和创造力的一种体现。所以，孩子在宽松的环境里，可以自由徜徉在知识的海洋里，可以无拘无束地表达自己的想法，他就会保持好奇心、强烈的兴趣以及敏感的学习触角，这些都有助于想象力和创造力的发展。这里面，输入信息的内容和方式是合适的，孩子被允许以自己的独特方式学习，并被允许以自己的方式把信息输出。

Tip2：用“合力”激发想象力和创造力

孩子置身于一定的环境之中，如果我们把想象力和创造力想象成一个置身于很多力量中的目标事物，指向这个目标事物的有很多作用力，孩子参加的各种活动，比如亲子阅读、画画、手工、拼图、户外活动等，对想象力和创造力会产生什么样的作用力？是促进还是阻碍？促进多还是阻碍多？会有互相抵消的作用力吗？会有此消彼长的作用力吗？孩子接触的很多人，父母、老师以及周围的人，对他们有什么影响？他们的小伙伴对他们有什么影响？有没有机会经常玩假想游戏、分角色游戏？孩子置身的文化传统对他们有什么影响……

从各种活动，从孩子接触各种人来考虑，想象力和创造力是各种因素一起作用的“合力”结果，并不是通过一种活动，短时期内可以培养出来的。

让孩子参加各种活动，比如科学活动、艺术活动、搭建活动等，可以培养孩子多方面的想象力和创造力，这是一种“合力”的结果。我们提供符合他们水平的各种资源，激发他们的学习兴趣，创造开放轻松的氛围，这些因素都会对孩子的想象力和创造力产生一种作用力。

有些孩子可能特别需要开放的氛围，有些孩子可能特别需要某一方面的资源，来自各方面的作用力也会形成指向想象力和创造力发展的“合力”。有些情况下，父母对孩子的影响大些；有的情况下，老师对孩子的影响大些；有些情况下，小伙伴对孩子的影响大些，这些作用力互相促进或者互相抵消，最后的“合力”也将作用于孩子的想象力和创造力发展。

我有个当咨询师的朋友讲过一个故事，一个一年级的小男孩，美术总是不及格。老师、父母已经下了结论：这个孩子丝毫没有想象力。一个偶然的机会，小男孩去一个从事艺术工作的阿姨家玩。这个阿姨就和他玩起了画画游戏，先画一些涂鸦式的线条，然后把这些线条补充成一幅画，画几幅画后，还要把这些看起来不相关的画组成一个故事。这个阿姨吃惊地发现，这个孩子能把线条画成活灵活现的画，而且编的故事非常有想象力。其实这是一个非常有想象力和创造力的孩子，但是，是什么让老师、父母都觉得他没有想象力呢？他们需要反省有没有给他机会去展现想象力和创造力，比如，学校的美术课是怎么教学的？老师是怎么评价的？父母是怎么看待孩子的？

这个小男孩明明很有想象力和创造力，但是周围老师或者父母创造的环境压抑了他的表现。而在阿姨家中，阿姨让他自由发挥，没有一定的标准，在轻松的心态下，孩子像是换了一个人。如果父母能向阿姨学习，给孩子创造出宽松的环境，这种影响力如果大于学校的影响力，那么，父母的力量会消除一部分学校对想象力的压抑作用，这里“合力”仍有可能保护这个孩子的想象力和创造力。

所以，看一个孩子的想象力或创造力发展成什么样，我们往往无法通过一个活动加以判断，而是要考虑在他的生活里，各种作用力产生的合力是促进想象力的发展呢，还是压抑想象力的发展。

我们在养育孩子的时候要站得高一些，不需要对眼前的某件事情无比纠结、无比焦虑。一个学期的画画课是促进还是阻碍儿童的想象力，不仅取决于这一个学期的画画课，还取决于多个作用力的合力，比如，孩子除了画画课，还有其他活动吗？谁对他的影响最大？他自己的性格/兴趣怎么样？……当我们心中有了合力这个概念，就会少很多纠结。就好像，如果你在迷宫里，就很难走出去，但是如果你跳出迷宫，站在迷宫的上方，马上就能看清楚方向了。

后记一

走出养育的迷思

这本书是我和网上的爸爸妈妈们灌水灌出来的（在网上讨论大家戏称“灌水”）。看完了此书，大家可能会发现，书里的所有问题都是父母们在网上和生活中经常问、经常讨论、经常纠结的问题。希望这本书能帮助父母了解儿童发展的规律，不仅知其然，而且知其所以然，从而减少一些焦虑和困惑。如果看完这本书，一些父母想通了一些儿童发展中的问题，感到放下了重担，从容育儿，那么，写这本书的目的就达到了。

我在美国康涅狄格大学的心理系学发展心理学，获得心理博士学位。在博士答辩的那个星期，我有了宝宝。在养孩子的时候，我发现，虽然很多理论和研究不能直接套用在孩子身上，但是，我的专业训练对我当妈妈确实有很多帮助。

首先，我了解婴幼儿发展大致的过程，每个阶段有什么特点。比如，宝宝满月以后，明显越来越爱哭。我学过，宝宝的啼哭次数会逐渐增加并在第 6~8 周达到顶峰，过了 4 个月之后会慢慢减少，然后变得稳定。所以，当宝宝变得爱哭我并没有变得很焦虑，也没有怀疑自己哪里做错了。因为我知道绝大部分宝宝都需要经过这样的过程，而且我有预期，过一阵子会逐渐减少，光明就在前方。我把这个常识告诉家人，大家在宝宝哭的时候都能保持比较平稳的情绪。了解宝宝发展规律让自己比较自信和从容，有底气，有预期。

其次，父母的观察力很重要。学会观察自己的孩子，才能了解他们，才能因材施教。做婴幼儿研究锻炼了我的观察力。来我们实验室的有几个月的小婴儿，也有 1~2 岁的幼儿。当他们来到一个陌生的环境，接触陌生的人，怎么能让他们在短时间内感到比较安心，能够完成一些“任务”（虽然表面看起来像游戏）？这就要求我们能够察言观色，让宝宝和父母在我们的实验室都能比较放松。回头看，那些经历锻炼了我的观察力，对我观察自己的孩子、了解他们的个性和需求、解决一些问题起到很大的帮助。

当了妈妈以后有很多宝宝吃喝拉撒的问题，我经常逛北美的一个育儿网站，看多了就发现，网上充斥着无数问题，有些问题每隔几天就被问一次。因为父母描述的表象不尽相同，很多人回答问题常常根据儿童的行为或者表象提出解决方案。然而，仅根据表象往往无法解决问题，还容易增加父母的困惑和养育上的混乱。有时候孩子的行为类似，但形成这种行为的原因不同，照着别人的方子就治不了自家的病。

于是我有空就回答这些问题。我通常根据儿童的发展特点去理解孩子某些行为或者问题的本质，有些只是发展过程中正常的现象，父母只需耐心观察和等待就好。另一些行为，我则让父母了解孩子在某个阶段是什么发展特点，发展变化是什么样子的，他的行为可能由什么原因造成，要解决可能需要做哪些工作。当然孩子有不同的个性，如果这些父母接着提问，我就接着想出各种可能、可行的办法。有几个当年一起讨论的妈妈，到现在仍是我天涯若比邻的好友。

后来我被邀请去了一个宝宝俱乐部，和很多新妈妈一起在网上讨论，互相学习并开阔思路。在那些“灌水”的日子里，因为和很多妈妈讨论各种问题，我深深体会了婴幼儿的个体差异之大。这些经历让我跳出教科书或者育儿书的框子，尽量不以教科书或育儿书去判断别人的教养行为，也不以自家的情况去判断别人。我一方面帮助父母了解他们孩子某个年龄段甚至某个月龄的特点，这是婴幼儿发展的共性；另一方面，尽量多提问，通过父母的描述去了解某个特定孩子的特点，他是什么个性，什么兴趣，多了解一些事情发生时的情景，就事论事地去提供一些办法。如果还不能解决，就接着跟进一些问题，多了解，再提出多一些的可能性。这些经历形成了我写文章的风格，我会介绍儿童发展的共性，这是育儿的大方向。然后我会继续提供一些在生活中实用、可操作的办法。在俱乐部和大家一起讨论的日子里，我能很快得到这些父母的反馈，哪些办法有效，哪些办法需要继续跟进提问，待多了解后再提出具体的办法。这些经历让我贴近父母，感同身受，而不是站得高高地去批评他们，并在提供办法的时候尽量讲清楚条件，尽量灵活。在有科学研究证据的发展心理学指引下，我们有了正确的养育大方向。但是，每个家庭具体怎么做，这里面的空间非常大。养育有时候不见得只有一个正确的答案，而是需要父母针对自家的情况，将一些原则和理念灵活运用起来。

当我有了微博以后，我发现中国父母的问题更多，纠结的事情更广泛。一方面由于父母对发展心理学不了解，如果他们不了解每个阶段婴幼儿的发展特点，就很容易把正常现象当成问题，影响自己的情绪和育儿的信心。比如，很多妈妈抱怨孩子两岁多就会和父母作对，不听话。其实这是发展正常现象，说明他们正在建立自我感。父母需要了解儿童的发展特点，顺应他们的发展特点，以柔克刚。另一方面，一些理论在传入中国的时候走样了，导致了养育行为的混乱。比如，对“延迟满足”（delayed gratification）的误解，引发了父母的很多疑问，而且造成了一些负面的后果。还有很多人喜欢跟风，非黑即白的思维方式，使得在中国流行的教育概念极多，但由于不了解其内涵，很多人往往做得不到位，比如挫折教育、赏识教育、敏感期等一些概念，都存在着极多的误区。在微博上和很多网友交流、讨论，我逐步了解了中国父母的特有育儿环境，以及他们的困惑和焦虑。本书选取的 13 个问题，就是在网上广泛讨论、特别纠结的问题。我用发展心理学的研究和理论做出解释，提供方向，并且结合我自己和很多网友的育儿实践，给大家提供实际可行、行之有效的办法。但是我不可能穷尽所有的情况，请大家把这些案例放在理论里去理解，结合自己孩子的特点，让自己的育儿实践在大方向上是正确的，但是细节上却是灵活的。

很多时候，父母的焦虑和困惑都源于对儿童发展规律的不了解。他们往往在某一个小问题钻进牛角尖，觉得这样做，有这样的风险；那样做，有那样的风险。总之，只看到儿童发展的一个点而看不到全部，从而越来越焦虑。当他们了解儿童是怎么发展的，每个阶段是什么发展特点，才看得到儿童发展的全局。看到全局，就能站得高，看得远。在全局的眼光下看一个问题，也许心结能够自然而然地解开。写这本书，我把 13 个问题分开写，但是我也希望大家整合所有的信息，因为早教、敏感期和看电视这三章有着相关的信息，情绪、赏识、竞争、快乐这几章也互有关联。希望大家把育儿这件事情看成一个整体，而不是割裂地从各个方面培养孩子，要有全局和长远的眼光。

前阵子重温《射雕英雄传》。江南七怪教了郭靖十多年，始终进步不大，然而被马钰调教两年，有了内功，他武功大有进益。我想，了解孩子各个阶段是什么样子的，为什么会这个样子，了解他们发展的外在现象和本质，这大概就是内功了。当然，当我们是新手的时候，我们从一招一式学起，因为这样有招可循，容易入门，但同时必须增进自己的内功。通过大量的练习，某一天我们也就有可能成为无招胜有招的高手了。希望这本书里讲过的原理和理论可以成为大家育儿的内功，一些案例可以当作招式练手，但最终大家会抛弃这些固定的招式，根据自己的情况灵活运用，成为融会贯通、心里有爱的好父母。

养育中充满了无数选择。为人父母，不要人云亦云，要有自己的观察和思考。这本书的目的不在于代替父母思考和选择，而是分享发展心理学的理论和研究，以及我自己和其他父母在实践中对这些理论的运用。如果有人从来未曾了解这些理论和方法，那么，我愿意为大家打开这扇窗。

育儿，我们需要懂点儿科学

《养育的选择》一书终得出版，是中国年轻父母的一大幸事。当前育儿书市场看似红火，真正用科学说话的并不多，能将儿童心理学、认知科学与实际育儿经验结合在一起的更是稀有珍品。幸运的是，你们手中捧着的，正是珍品之一。

陈忻老师上一次出书，还是6年前的事。这6年她在干什么？除了在美国大学教书、养育自己的两个孩子，她大部分时间都在“灌水”，在论坛或微博上跟妈妈们探讨育儿问题。正是在这些讨论中，她对中国普通妈妈们的困惑和纠结有了如此深刻的体验和洞见。《养育的选择》每个问题都命中要害，全拜“灌水”所得。

回想第一次跟陈忻老师聊起这本书，是在我创办的某个高知社群。有一天我发现，社群里的专业话题探讨，总是被带跑……无论是科技创业者还是各学科专家，话题总是说着说着就引向了孩子。随后经常出现的场景是：

某语言学博士因为孩子说话的问题，向脑科学专家请教“左右脑”是否靠谱；

某神经学教授因为孩子经常哭闹，向儿童心理学专家请教应该如何解决；

某业界知名投资人就目前市场上的儿童智力开发产品，时不时在社群中抛出质疑。

大家在聊天时开玩笑说：专业社群要变成育儿群了！众所周知，安人心智集团是国内领先的脑科学专业公司。众多早教机构都宣称是开发幼儿大脑，然而，大脑对于多数爸妈来说，依然是一个黑箱。因此，群中父母不时在问，老阳，你们安人心智集团什么时候能创办一家专业靠谱的儿童教育机构呢？

于是，爱贝睿（iBrainBaby）就这样诞生了。

现在的爱贝睿由儿童实验室主任魏坤琳领衔，汇集了一群来自众多世界名校的儿童教育专家，依托脑科学、认知科学前沿研究成果，设计开发新一代儿童及家庭成长课程和早教玩具。爱贝睿将与你一起，帮助宝宝成为未来世界的创造者。

阳志平
爱贝睿公司联合创始人
《养育的选择》策划人

1. Berk, L. (2012). Infants and children, prenatal through middle childhood. New York: Allyn & Bacon.

2. Bowlby, J. J. (1969). *Attachment and loss.* Vol.1. Attachment. New York: Basic Books.

3. Bell, S. M., & Ainsworth M. D. S. (1972). Infant crying and maternal responsiveness. *Child Development*, 43, 1171-1190.

4. R. G. Bar, B. Hopkins, & J. A. Green (2000), Crying as a sign, a symptom, and a signal. London: Mac Keith Press.

5. Zeifman, D. M. (2001). An ethological analysis of human infant crying: Answering Tinbergen’s four questions. *Developmental Psychology*, 39, 265-285.

6. Gustafson, G. E., & Green, J. A. (1991). Developmental coordination of cry sounds with visual regard and gestures. *Infant Behavior and Development*, 14, 51-57.

7. Chen, X (2005). Development of vocal protest from 3 to 18 months. Dissertation, UConn.

8. Chen, X., Green, J., & Gustafson, G. (2009), Development of vocal protests from 3 to 18 months. *Infancy*,14(1), 44-59.

9. Head Start Program的介绍来自Head Start Program的官方介绍。

10. Adolph, K.E. & Joh, A.s.(2009). Multiple learning mechanisms in the development of action. In A. Woodword & A. Needham (Eds.), *Learning and the infants mind* (pp.172-207). New York: Oxford University Press

11. Nagel, M. (2012), In the beginning: the brain, early development and learning, Australia: Acer Press.

12. Hirsh-Pasek, Kathy, Golinkoff, Roberta & Diane Eyer, Diane, (2004). Einstein never used flash cards, how our children really learn, and why they need to play more and memorize less. New York: Rodale.

13. Stamm, J. (2008), Bright from the Start: The Simple, Science-Backed Way to Nurture Your Child's Developing Mind from Birth to Age 3, New York: Gotham.

14. White, B. (1995), The New First Three Years of Life, New York: Fireside.

15. Taylor, J. (2003), Positive Pushing: How to Raise a Successful and Happy Child, New York: Hyperion.

16. 吃孕吐药造成婴儿出生缺陷，引自the New York Times 网络版，2010 年 3 月 15 日，http://www.nytimes.com/2010/03/16/science/16limb.html?_r=0

17. Grimshaw, G.M.,Adelstein, A., Bryden, M.P.& MacKinnon, G.E.(1998). First-language acquisition in adolescence: Evidence for a critical period for verbal language development. Brain & Language, v63,

n2: 237-255.

18. Huttenlocher, P.R. (2002). Neural plasticity: the effects of environment on the development of the cerebral cortex. Cambridge, MA: Harvard University Press. 孩子精细动作的时间表，参见 babycenter.com 的部分资料。

19. American Academy of Pediatrics (1999). Media education. Pediatrics, 104:341-343.

20. the American Academy of Pediatrics Council on Communications and Media Executive Committee (2011). Media Use by Children Younger Than 2 Years. Pediatrics, Vol 128 No. 5 http://www.wired.com/2011/10/infant-tv-guidelines/

21. Christakis D. A., Zimmerman F. J., DiGiuseppe D. L. , McCarty A. C., (2004), Early television Exposure and Subsequent Attentional Problems in Children, Pediatrics, 113:708-713.

22. Foley. J.A. (2013). Excessive TV for Preschoolers can Stall Cognitive Development, nature world news, http://www.natureworldnews.com/articles/5038/20131122/excessive-tv-preschoolers-stall-cognitive-development.htm

23. Nathanson, A., Sharp, M., Alade, F., Rasmussen,E.& Christy, K. (2013), The relation between television exposure and theory of mind among preschoolers, *Journal of Communicatin*, 63: 1088-1108.

24. Zimmerman, F. J., Christakis D. A., Meltzoff, A. N. (2007), Associations between Media Viewing and Language Development in Children Under Age 2 Years, *the Journal of Pediatrics*;151:364-368

25. Lewin, T. (2009 年 10 月 23 日)，No Einstein in Your Crib? Get a Refund, the New York Times, http://www.nytimes.com/2009/10/24/

education/24baby.html?_r=0

26. Kuhl, P. K., Tsao. F.-M., & Liu, H.-M. (2003). Foreign-language experience in infancy: Effects of short-term exposure and social interaction on phonetic learning. *Proceedings of the National Academy of Sciences,* 100, 9096-9101.

27. 纽约的调查引自Newman, S. (2014). How Digital Devices Affect Infants and Toddlers, psychology today. https://www.psychologytoday.com/blog/singletons/201407/how-digital-devices-affect-infants-and-toddlers

28. Crawford, N. (2015). Wired Kids: How Screen Time Affects Children's Brains, http://breakingmuscle.com/family-kids/wired-kids-how-screen-time-affects-childrens-brains

29. Turkle的建议引自Newman, S. (2014). Are screen “drugging” your child’s brain? https://www.psychologytoday.com/blog/singletons/201409/are-screens-drugging-your-child-s-brain

30. Faber, A. & Mazlish, E. (2004). Liberated parents, liberate children. New York: Avon book

31. Gottman, J. & Declaire, J. (1998). Raising an emotionally intelligent child.New York: Fireside.

32. Buss, A.T.& Spencer, J.P. (2014). The emergent executive: A dynamic field theory of the development of executive function. Monograph of the society for research in child development. Vol. 79, no. 2.

33. Dweck, C. (2007). Mindset: the new psychology of success. New York:Ballantine books.

34. Taylor, J. (2003), Positive Pushing: How to Raise a Successful and Happy Child, New York: Hyperion.

35. Tough, P. (2013), How children succeed: grit, curiosity, and the

hidden power of character. New York: Mariner books.

36. Santrock, J. W. (2008). Adolescence (12th ed.). New York: McGraw-Hill.

37. Gopnik, A. (2010). The Philosophical Baby: What Children's Minds Tell Us About Truth, Love, and the Meaning of Life.

38. 小男孩的故事，来自爱贝睿育儿俱乐部吴倩老师的讲座：用游戏的方法，你能真正进入孩子的世界，2015 年 8 月 15 日。